L'ABIME

DRAME

Représenté pour la première fois à Paris sur le théâtre du
VAUDEVILLE, le 2 juin 1868.

Direction ALFRED HARMANT

Y

L'ABIME

DRAME EN CINQ ACTES, EN ONZE TABLEAUX

PAR

CHARLES DICKENS

NOUVELLE ÉDITION

PARIS

MICHEL LÉVY FRÈRES, ÉDITEURS

RUE AUBER, 3, PLACE DE L'OPÉRA

LIBRAIRIE NOUVELLE

BOULEVARD DES ITALIENS, 15, AU COIN DE LA RUE DE GRAMMONT

1872

PERSONNAGES

RISCHENBACH .... MM.	Berton.
SAM	Parade.
GEORGES	Desrieux.
LE DOCTEUR PAYNE	Saint-Germain.
RICHARD MAY	Munié.
LE PRIEUR	Colson.
JEAN-MARIE	Beuzeville.
FOLLINS	Ricquier.
PARKER	Jouven.
BROWN	Fabien.
JEAN-PAUL	Rebel.
Un policeman	Royer.
Le Petit RICHARD	Jeanvoine.
MARGUERITE .... Mmes	Cellier.
SARAH	Vigne.
MADAME DOR	Alexis.
LA DAME	Larmet.
MADAME PARKER	Leroux
MADAME BROWN	Rolla.

Pour tout ce qui concerne la mise en scène, s'adresser à M. A. Vizentini, directeur de la scène au théâtre du Vaudeville.

L'ABIME

PROLOGUE

Premier Tableau

Extérieur de l'hospice des Enfants trouvés à Londres. Murs de l'hospice avec petite porte au fond. Réverbère au-dessus de la porte. Maisons du square, à droite et à gauche.

SCÈNE PREMIÈRE

UN POLICEMAN, UNE DAME.

Au lever du rideau, la pluie tombe. Un policeman avec sa lanterne examine les portes des maisons, les pousse pour s'assurer qu'elles sont fermées.— Au moment où il traverse la scène pour continuer sa ronde, une dame simplement mise et voilée, entre par le côté opposé.

LA DAME.

Pardon, monsieur, est-ce que dix heures sont sonnées?

LE POLICEMAN.

Pas encore, madame.

LA DAME.

Ah! j'arrive à temps. (Désignant la porte de l'hospice.) C'est bien par cette porte, n'est-ce pas, que sortent les gardes du jour au service des enfants trouvés?

LE POLICEMAN.

Par cette porte, oui, madame.

LA DAME.

Et c'est bien à dix heures qu'elles sortent?

En ce moment, dix heures sonnent à l'église Saint-Paul.

LE POLICEMAN.

Et voilà dix heures qui sonnent.

1

LA DAME.

Et voilà les gardes qui sortent ; merci.

La porte de l'hospice s'ouvre, les gardes sortent, le policeman et la dame se séparent.

SCÈNE II

LES MÊMES, GARDES, SARAH ROBSON.

LE POLICEMAN, en s'éloignant, se croise avec l'une des gardes qui sortent, et lui dit :

Bonsoir, Mary !...

LA GARDE.

Bonsoir, Bob ; vous êtes de service ce soir ?... Quel chien de temps, hein ?

LE POLICEMAN.

Ne m'en parlez pas, je suis trempé jusqu'aux os.

LA GARDE, marchant toujours.

Au revoir, Bob.

LE POLICEMAN.

Au revoir, Mary.

Il continue sa route. — Il s'éloigne d'un côté, les gardes de l'autre. — Celles-ci sont passées près de la dame qui les a examinées au passage.

LA DAME.

Mary, ce n'est pas celle-là, ni l'autre non plus.

Deux autres gardes sortent : la dame les inspecte également sans rien dire. — Enfin, Sarah Robson sort à son tour avec deux autres gardes.

DEUXIÈME GARDE, à Sarah.

Adieu, Sarah, à demain.

SARAH.

A demain.

LA DAME.

Sarah ! c'est elle.

Les deux gardes sortent par la gauche. Sarah se dirige vers la droite, la dame lui barre le passage.

LA DAME.

Arrêtez !

SCÈNE III

SARAH, LA DAME.

SARAH.

Que me voulez-vous, madame?

LA DAME.

Un mot, je vous prie.

SARAH.

Je vous ai déjà vue ce matin, vous m'avez suivie à mon arrivée à l'hospice. Vous avez fait mine de m'arrêter comme maintenant. Pourquoi ne m'avoir pas parlé, alors?

LA DAME.

Il faisait grand jour, vous étiez accompagnée, je n'ai pas osé.

SARAH.

Me connaissez-vous donc?

LA DAME.

Oh! oui, je vous connais.

SARAH.

Vous vous trompez assurément, car moi je ne vous connais pas.

LA DAME, prenant Sarah par la main et la conduisant sous le réverbère.

Venez là, à la lumière. (Rejetant son voile en arrière.) Me reconnaissez-vous, maintenant?

SARAH.

Non, madame, je ne crois pas vous avoir jamais vue.

LA DAME.

Ai-je l'air d'une femme heureuse?

SARAH.

Oh! pour cela, non, madame, vous semblez avoir quelque gros chagrin au cœur.

LA DAME.

Et vous ne vous trompez pas, Sarah.

SARAH.

Vous connaissez mon nom?

LA DAME.

Comme je vous connais vous-même. Écoutez-moi donc,

écoutez-moi vite, pendant que j'ai la force et le courage de parler, Sarah Robson.

SARAH.

Vous me connaissez, vous, mais moi je ne vous connais pas. Qui êtes-vous, madame ?

LA DAME.

Je suis l'une de ces malheureuses mères, qui n'ont jamais reçu de baisers de leurs enfants, qui n'ont jamais connu les douceurs de la maternité. Si mon fils vit encore, mon fils dont je suis séparée depuis douze ans, il est là, derrière ce mur, parmi les enfants trouvés, et je ne l'ai jamais vu, et je ne sais pas comment on le nomme. Comprenez-vous pourquoi je vous ai suivie, pourquoi je vous parle en ce moment ?

SARAH.

Je suis profondément touchée de votre situation, madame, mais qu'y puis-je ?

LA DAME.

Vous pouvez tout, Sarah ; vous pouvez reporter votre mémoire à ce même jour, oui, à cette même date : 5 novembre, il y a douze années.

SARAH.

C'est bien long, madame, douze années.

LA DAME.

Si vous les avez trouvées longues, Sarah, pensez donc ce qu'elles ont dû être pour moi, ce que j'ai eu à souffrir pendant ce long temps. Douze années passées dans l'expiation de ma faute, douze années d'exil, reniée par mes amis, repoussée par ma famille. Ce n'est que d'hier, rappelée par la perte de mon père mort en me pardonnant, qu'il m'a été permis de rentrer en Angleterre, pour recueillir son héritage, une grande fortune, Sarah, qui doit assurer à mon enfant, à mon cher fils, une position facile, un brillant avenir... et cet avenir est dans vos mains.

SARAH.

Dans mes mains !

LA DAME.

Tenez, Sarah, voici quelques guinées que je vous prie d'accepter pour l'amour de lui. — Maintenant, dites-moi...

SARAH.

Oh ! vous vous trompez, madame, vous pouvez connaître mon nom, mais vous ne connaissez pas mon cœur. Pas un des employés de l'hospice, pas un des enfants chéris que je soigne, pas un de ceux qui me connaissent enfin, ne songerait à mettre mon honnêteté en doute. Commanderais-je ainsi l'estime de mon entourage, si j'étais à vendre?

LA DAME.

Et qui songe à vous acheter, Sarah! je voulais simplement...

SARAH.

Assez, madame, si je puis honnêtement faire ce que vous désirez de moi, je le ferai pour l'amour du bien. Si ce que vous désirez est contre mon devoir, vingt fois la somme que vous m'offrez ne m'y pousserait pas...

LA DAME.

Sarah!

SARAH.

Ne vous fâchez pas, madame. (La dame porte son mouchoir à ses yeux.) Ne pleurez pas surtout. Voyons, que puis-je faire pour vous?

LA DAME.

Je vous le dis, Sarah; il faut rappeler vos souvenirs d'il y a douze ans... Vous ne sauriez avoir oublié le 5 novembre 1840?

SARAH.

Oh! non, madame, je ne l'ai pas oublié; c'est la date de mon entrée à l'hospice.

LA DAME.

C'est bien cela.

SARAH.

J'arrivais de notre institution de province où l'on nous forme au service de l'hospice central. Bien des événements se sont passés, bien des malheurs me sont arrivés depuis, qui sont déjà oubliés, mais les moindres détails de cette journée mémorable pour moi, sont gravés dans mon souvenir.

LA DAME.

C'est à ces souvenirs que j'en appelle, Sarah! Comme vous entriez à l'hospice, on y amenait un enfant. Vous prîtes dans vos bras le pauvre petit abandonné, vous l'embrassâtes maternellement : j'étais là, cachée, je vous voyais et je vous ai bénie bien souvent, et j'ai bien souvent prié pour vous dans l'exil. Est-ce que ces détails...

SARAH.

Je m'en souviens! je m'en souviens! Parlez, madame.

LA DAME.

Je ne peux pas, je n'ose plus.

SARAH.

Pourquoi?

LA DAME.

Vous n'êtes pas mère, Sarah; vous ne pouvez me comprendre.

SARAH, la regardant.

Si fait, je vous comprends, pauvre femme. Allons, rassurez-vous, il vit, madame, il se porte bien. (La dame lui saute au cou et l'embrasse en pleurant.) Voyons, madame, du calme, remettez-vous, dites vite ce que vous attendez de moi. Si l'on nous trouvait ensemble... vous ne connaissez pas les règles de la maison...

LA DAME.

Si fait, Sarah; je connais bien, je connais trop les règles de cette maison. Écoutez-moi. L'enfant a été baptisé dans la chapelle de l'hospice central, ici, à Londres.

SARAH.

J'y étais.

LA DAME.

Ensuite, on l'envoya en province, à l'institution dont vous sortiez, et dont vous me parliez tout à l'heure.

SARAH.

Oui, madame, tout cela est vrai.

LA DAME.

Outre son nom de baptême, on lui donna un surnom !

SARAH.

Cela est exact, madame, et c'est toujours ainsi que les choses se passent.

LA DAME.

Eh bien, Sarah, ce sont ces deux noms que je vous demande.

SARAH.

Madame !

LA DAME.

Écoutez, Sarah, ne me répondez pas encore, ne me quittez pas. Oh! ne me refusez pas surtout. Vous aussi, Sarah, vous serez épouse et mère un jour. Eh bien, Sarah, par l'espoir que vous avez d'être épouse aimée et mère heureuse, par votre honnêteté de jeune fille, dites-moi son nom, dites-moi le nom de mon pauvre enfant ?

SARAH

Je vous en prie... je vous en supplie à mon tour... madame, ne m'y poussez pas, vous m'entraîneriez à mal faire...

LA DAME

Son nom, Sarah, seulement son nom?

SARAH.

Mon Dieu! mon Dieu, madame, par grâce!... Je devrais vous refuser, je devrais vous dire non, je le sais, et j'ai là quelque chose dans le cœur qui dit : oui, malgré moi. Laissez-moi partir.

LA DAME.

Son nom... son nom...

SARAH.

Me promettez-vous?

LA DAME.

Tout ce que vous voudrez... je promets tout.

SARAH.

Mettez vos mains dans les miennes. Jurez-moi de ne jamais me demander d'autre parole que le nom de votre enfant...

LA DAME.

Je le jure!

SARAH.

Jamais, quoi qu'il arrive, une seule parole de plus?

LA DAME.

Jamais!

SARAH.

Richard May.

LA DAME, lui sautant au cou.

Merci, tu es bonne, je t'aime!

Le policeman reparaît, regarde les deux femmes qui s'éloignent chacune de leur côté. Il continue sa route. Le décor change.

Deuxième Tableau

Intérieur de l'hospice des Enfants trouvés. — Le réfectoire. La table est servie. Les visiteurs sont diversement groupés. — Des gardes sont au buffet du fond, coupant les viandes fumantes, d'autres apportent des légumes dans de grands plats. — Va et vient général. — Au changement, une musique joyeuse annonce du dehors l'entrée des enfants qui arrivent en deux files, fifres et tambours en tête, conduits par un des leurs en tambour-major. Les musiciens restent à droite jusqu'à l'installation de leurs camarades à la table servie. Quatre des enfants servant en semainiers, portent de place en place les mets de chaque convive. Deux autres circulent, l'un avec des légumes, dont chacun prend à son gré, l'autre avec la saucière. — Le service terminé, la musique cesse, les musiciens et les semainiers prennent place à la table. Tous sont debout dans les bancs, à la position militaire. — Moment de silence. — Le maître, au bout de la table, perdu dans la coulisse, frappe deux coups de son maillet, les enfants croisent leurs bras sur la poitrine et entonnent le *Benedicite*. Les visiteurs se découvrent.

BENEDICITE.

Seigneur, bénis la nourriture
Que nous devons à ta bonté,
Et permets à ta créature
De célébrer ta majesté.

Le chant terminé, les enfants tombent assis d'un seul mouvement, et le repas commence. - Les visiteurs s'adressent à quelques-uns des enfants, d'autres goûtent les mets. Le premier couple descend en scène.

SCÈNE PREMIÈRE

PREMIER MARI, PREMIÈRE ÉPOUSE.

PREMIÈRE ÉPOUSE, descendant en scène dès que les enfants ont chanté le *Benedicite*.
C'est horrible ! c'est affreux ! c'est un repaire d'iniquités !
PREMIER MARI.
Cependant, bonne amie...
PREMIÈRE ÉPOUSE.
Je vous dis qu'une telle institution est un encouragement au vice, et qu'un homme qui respecte son épouse ne la traîne pas dans un lieu où le vice est encouragé.
PREMIER MARI.
Mais, bonne amie, je te ferai observer...
PREMIÈRE ÉPOUSE.
Plaît-il ?
PREMIER MARI.
Respectueusement, bien entendu, je te ferai observer que c'est toi qui m'as conduit ici.

PREMIÈRE ÉPOUSE.

Pour voir de quel front vous soutiendriez la vue de ces réprouvés.

PREMIER MARI.

Quoi! ces pauvres bébés! Ces malheureux enfants!...

PREMIÈRE ÉPOUSE.

Malheureux! N'allez-vous pas vous apitoyer sur leur sort! Malheureux enfants! Ne dirait-on pas qu'ils sont les vôtres!...

PREMIER MARI.

Eh! mais, s'il ne dépendait que de moi...

PREMIÈRE. ÉPOUSE.

Vantard!

PREMIER MARI

Mais...

PREMIÈRE EPOUSE

Quel lieu!... Quels exemples!... Quand on songe à l'origine de ces misérables!... Ah! j'en rougis pour l'humanité!

PREMIER MARI.

L'humanité en sera bien honteuse!...

PREMIÈRE ÉPOUSE.

Taisez-vous!...

PREMIER MARI.

On nous écoute...

SCÈNE II

LES MÊMES, DEUXIÈME MARI, DEUXIÈME ÉPOUSE.

DEUXIÈME ÉPOUSE, au bras de son mari.

Quel adorable spectacle! Quelle intéressante réunion! Je voudrais embrasser l'un après l'autre, chacun de ces petits anges joufflus!

DEUXIÈME MARI.

Jolie idée! Ils n'ont qu'un quart d'heure pour leur dîner. C'est ton fils qui te recevrait bien si tu venais interrompre son repas!

DEUXIÈME ÉPOUSE.

Est-ce appétissant, bien servi! Quel air de santé, de confort!

PREMIÈRE ÉPOUSE.

Ça révolte! A quoi sert d'être honnête femme!

PREMIER MARI.

A avoir ses enfants près de soi, à sentir son cœur fondre

sous leurs chers baisers, à guider leurs premiers pas, à s'aider de leur appui dans la vieillesse !...

PREMIÈRE ÉPOUSE.

Vous êtes un imbécile !...

PREMIER MARI.

Considérant que je t'ai épousée, chère amie, tu ferais peut-être mieux de garder cette opinion pour toi.

Il prend le bras de sa femme pour sortir, et se heurte au vieux garçon qui arrive en courant.

SCÈNE III

LES MÊMES, LE VIEUX GARÇON.

LE VIEUX GARÇON.

Ouf ! je suis en retard ! (Reconnaissant le premier mari.) Brown ici !

PREMIER MARI.

Tiens, c'est vous !

LE VIEUX GARÇON.

En personne.

PREMIER MARI, présentant sa femme.

Madame Brown. (Présentant son ami à sa femme.) Un ami du club...

PREMIÈRE ÉPOUSE.

Encore une jolie institution, celle-là !

LE VIEUX GARÇON, à part.

Encore une qui me fait bénir mon état de célibataire...

PREMIER MARI, au vieux garçon.

Vous venez donc ici, souvent ?

LE VIEUX GARÇON.

Tous les jours, cher ami ; tous les jours que Dieu fasse !... à l'heure du dîner, je suis là, à mon poste ! c'est notre droit d'Anglais ! notre droit absolu !... Bigre ! ça nous coûte assez cher d'impôts ! Mais les portes de l'hospice sont ouvertes à tous les sujets de la Reine, et chacun peut se faire l'inspecteur moral de l'établissement. Aussi, à une heure, j'arrive, je goûte aux sauces, j'essaie la boisson, je tâte les viandes, et je cause avec quelques enfants devenus mes intimes, je me repais de leur joyeuse humeur, mêlant ainsi l'utile à l'agréable, nourrissant le corps et l'âme, et meublant mon esprit de leur petit savoir, sans jeter mon argent aux libraires ! Tout

économie, cher, tout économie. Vous le savez, j'ai voulu
rester garçon...

PREMIÈRE ÉPOUSE.

C'est fort heureux !

LE VIEUX GARÇON.

Pour moi, assurément. (Désignant les enfants.) Voici ma famille !
j'en ai toutes les joies sans en avoir les embarras. Quel avan-
tage ! j'ai les enfants sans avoir la femme. Noble institution !

PREMIÈRE ÉPOUSE.

Votre bras, monsieur, je vais me trouver mal.

DEUXIÈME ÉPOUSE, à son mari.

Elle n'aura vraiment pas tort.

Ils remontent tous les deux vers la table qu'ils examinent. Les deux premiers époux sortent rapidement. Le vieux garçon va causer avec les enfants
qui mangent. Sarah entre, inspectant tout et veillant sur son petit troupeau
d'enfants, arrangeant son col à celui-ci, recoiffant celui-là. La dame voilée,
cachée par un groupe, la suit des yeux, l'arrête au passage, cause avec elle et
se dirige vers la porte.

SCÈNE IV

LA DAME VOILÉE, SARAH.

SARAH.

Vous encore !... Avez-vous oublié votre promesse ?

LA DAME.

Non, Sarah, non, je n'ai rien oublié.

SARAH.

Pourquoi êtes-vous ici ?

LA DAME.

Une dernière grâce à demander.

SARAH.

Vous avez juré de ne jamais me demander, quoi qu'il arrive,
une seule parole de plus que le nom et le prénom de votre
enfant !

LA DAME.

C'est vrai.

SARAH.

Que pouvez-vous alors attendre de moi ?

LA DAME.

Pas une parole de plus, Sarah, pas un seul mot qui te com-
promette. Un geste, un regard, un mouvement de tête, et tu
me rends la plus heureuse des mères. Sarah, ne peux-tu pas,

sans manquer à ta promesse, sans que je manque, moi, à mon serment, me désigner... sans prononcer une parole, entends-tu bien... celui de ces enfants nommé Richard May. Oh ! ne me refuse pas, je tomberais morte à tes pieds ! je suis à moitié folle déjà !...

SARAH.

Allons, voilà que je me sens courir encore à mal. Mais, Dieu de bonté, qu'y a-t-il donc en vous, pour me remuer ainsi ?

LA DAME.

Ce n'est pas en moi seulement, Sarah, qu'il faut chercher ce moteur irrésistible ; c'est en toi, chère fille, en toi, entends-tu bien ; c'est ton cœur, ton bon cœur que je bénis, c'est lui qui te pousse, c'est lui qui va me rendre mon fils.

SARAH,

Taisez-vous, on nous regarde, vous me perdez

LA DAME.

Mon Dieu !...

SARAH, essuyant et rangeant des couverts sur le petit buffet près de la porte de sortie, le dos tourné à la dame qui regarde, elle, vers la table.

Écoutez-moi bien ; ne me regardez pas surtout !

LA DAME.

J'écoute !

SARAH.

Je vais faire le tour de la table. Je m'arrêterai pour parler à l'un des enfants, pas à votre fils, mais à celui qui est à son côté. Celui que je vous désignerai, celui que je toucherai de la main, celui-là se nomme Richard May.

LA DAME.

Oh ! merci ! je ne dis plus un mot, j'attends. Oh ! faites vite, si vous avez pitié de moi, je n'en puis plus, j'étouffe !...

Sarah fait lentement le tour de la table, et, arrivée à la place où sont assis les deux derniers orphelins, elle parle au premier et touche le second de la main, en laissant même sa main sur son épaule. Les deux enfants tournent le dos au public. Sarah, après avoir levé la main qui est sur l'épaule de l'enfant, jette à la dame un dernier regard et lui fait un dernier geste pour lui désigner l'enfant. La dame, au fond du théâtre, appuyée au mur, suit des yeux ce jeu de scène avec une vive émotion. Dès que Sarah a disparu, elle s'approche de l'enfant avec lequel cause la deuxième épouse.

DEUXIÈME ÉPOUSE.

Il est charmant, ce petit !

LA DAME, avec élan.

N'est-ce pas ?...

Elle s'arrête confuse.

DEUXIÈME ÉPOUSE.

Oh ! vous pouvez lui parler, c'est le droit de tous.

LA DAME, à part.

Le droit de tous ! Et j'attends cette heure depuis douze années.

DEUXIÈME ÉPOUSE.

Madame!...

Les deux femmes se saluent, les deux ménages se retirent.
LA DAME, *se penchant vers l'enfant.*

Quel âge avez-vous?

L'ENFANT.

Douze ans, madame.

LA DAME.

Vous avez été élevé ici?

L'ENFANT.

Depuis l'âge de trois ans, à mon retour de province où l'on nous envoie en nourrice.

LA DAME.

Êtes-vous bien traité ici?

L'ENFANT.

Oh! oui, madame!

LA DAME.

Ne souffrez-vous pas de cette position?

L'ENFANT.

Quelle position?...

LA DAME.

Ne seriez-vous pas heureux d'avoir de la fortune?

L'ENFANT.

Pourquoi faire?

LA DAME.

Pour avoir une maison à vous...

L'ENFANT.

J'ai celle-ci...

LA DAME.

Des amis qui vous entourent?...

L'ENFANT.

Je les ai...

LA DAME.

Une mère, enfin!

L'ENFANT.

Une mère!...

LA DAME.

Oui... oui, une mère qui souffre loin de toi, qui t'attend, une mère qui t'aime!...

L'ENFANT.

Oh! oui, oui, je veux voir ma mère.

La dame va l'enlacer de ses bras. Sarah, qui s'est approchée, lui saisit le bras et l'arrête violemment. Le maître frappe les deux coups au bout de la table, les enfants se lèvent d'un seul mouvement. Les visiteurs se découvrent de nouveau. On entonne les Grâces, c'est-à-dire que les enfants répètent le chant religieux du commencement du tableau. Le rideau tombe.

ACTE PREMIER

Troisième Tableau

La cour de l'établissement de Richard May et Cie, marchands de vins, rue de la Tour, à Londres. Les bureaux à droite. A gauche, maison d'habitation avec perron. Sous le perron, entrée des caves. Porte cochère au fond, petite porte dans la porte cochère. Divers objets servant à l'exploitation du commerce des vins sont épars sur le théâtre. Un grand baril sur champ, est placé près du bureau avec une bouteille et quatre verres dessus.

SCÈNE PREMIÈRE

RICHARD MAY, LE DOCTEUR PAYNE, Ouvriers et Garçons marchands de vins.

Au lever du rideau, deux hommes sont en train de traîner une voiture à bras qu'ils rentrent dans la cour. Un homme lave des bouteilles à la pompe de droite. Les ouvriers roulent la voiture derrière le bureau et la déchargent. Richard May, debout, inscrit sur un registre le nombre de paniers de vins qui entrent. Le docteur Payne, assis près du baril, boit à petits coups en lisant le *Times*. Les ouvriers disparaissent peu à peu.

MAY.

Vous m'excusez, n'est-ce pas, docteur, les affaires sont les affaires. Et cependant ma pauvre tête... mes oreilles tintent, (Il a ôté sa cravate.) ma gorge se sèche.

LE DOCTEUR.

Trop d'excitation, monsieur, trop d'excitation !

MAY, refermant son registre et le plaçant sur le baril près du docteur.

Que dites-vous de ce vin? monsieur, grande année : 1845 !

LE DOCTEUR.

Délicieux.

MAY.

Vous l'aimez ?

LE DOCTEUR.

Avez-vous jamais vu un médecin qui n'aimât pas le porto ? Excellent vin, monsieur. A votre place, je ne serais pas aussi prodigue de ce vin, je ne le verserais pas à tout venant, j'en refuserais même à mon médecin.

MAY, riant.

Et si je veux vous donner la goutte.

LE DOCTEUR.

Bah! ce vin-là connaît son monde et ne donne la goutte
qu'aux clients... Au reste, vous n'avez rien à en craindre...
c'est la tête chez vous qui est malade.

MAY.

Oui, docteur, et des pieds à la tête il y a loin quand la bête
est longue...

LE DOCTEUR.

Pas si bête, mon garçon, mais malade, oui, vous l'êtes vraiment; soignez-vous. je vous le dis, c'est sérieux : ces bour-
donnements... (Il arrête vivement Richard au moment où celui-ci va se
verser un verre de porto.) Non, ne buvez pas cela, ne vous excitez
pas. (Se versant à lui-même un verre qu'il boit d'une seule lampée.) La
sobriété, monsieur May, voilà la première recommandation que
j'aie à vous faire.

MAY.

Oui, docteur, vous avez raison, je suis vraiment excité;
mais c'est égal, je suis bien heureux depuis que je me sens
apte à accomplir les dernières volontés de ma pauvre défunte
mère... ses affaires sont réglées, les frais de succession payés.

LE DOCTEUR.

Sans rabattre sur les honoraires, drôle d'idée !

MAY.

C'était une vraie note d'apothicaire, hein ?

LE DOCTEUR.

Ne dites pas de mal des apothicaires, ils nous font la remise.

MAY.

Pauvre chère mère ! vous savez, docteur, elle n'avait qu'une
idée, voir tout le monde heureux autour d'elle... Eh bien ! ce
but, je vais l'atteindre... Ma tête n'étant pas très-solide... oh !
je le sais bien !... je me suis associé Georges Leslie, qui voya-
geait déjà pour nous et auquel un récent héritage a permis de
prendre une part dans notre maison.

LE DOCTEUR.

Georges Leslie, — brave garçon, bonne famille, je vous permets celui-là pour ami.

MAY.

Ma mère voulait que tout son monde fût réuni autour d'elle
comme les membres d'une seule famille; aussi je veux une
femme de charge qui obéisse à ces idées, en nous rassemblant
tous, employés et patrons, autour d'une seule et même table.

LE DOCTEUR.

Voilà l'annonce qui a paru dans le *Times*. On demande une
femme de charge : s'adresser rue de La Tour, de 10 heures à
midi, le... Eh ! parbleu ! c'est aujourd'hui.

MAY.

Aujourd'hui ! c'est vrai, docteur. (Après un moment.) Chère

mère ! je me souviens, comme si c'était hier, du jour ou je
la vis pour la première fois. Elle était venue à l'hôpital des
Enfants trouvés. C'était au réfectoire, pendant le dîner. Elle
s'approcha de moi, je m'étonnai de son émotion, et d'une
voix tremblante me demanda si j'aimerais à quitter l'hospice
pour entrer dans le monde, pour vivre dans une maison à
moi, pour y trouver une mère qui m'aimerait bien... Vous
comprenez ma réponse, n'est-ce pas, docteur ?... Elle m'em-
brassa en pleurant et je devins son fils secrètement reconnu ;
et dès lors nous ne fûmes jamais séparés jusqu'au jour où
la mort me l'enleva, il y a six mois... Tout ce que j'ai, tout
ce qui pourra me revenir plus tard, je le devrai à son amour.
J'espère que mon affection filiale l'a consolée de tout ce qu'elle
a souffert dans sa jeunesse... Elle avait été cruellement trom-
pée, docteur, mais elle n'en parlait jamais, jamais elle ne m'a
appris à mépriser le nom de celui qui l'avait trahie.

LE DOCTEUR.

Forte tête ! Elle savait se taire celle-là, un peu mieux que
vous ne saurez jamais le faire.

MAY, montrant l'intérieur du bureau.

Voyez là, docteur, voyez ce portrait que j'ai fait placer
dans mon bureau.

LE DOCTEUR.

Ressemblant, monsieur, très-ressemblant.

MAY.

Ne semble-t-elle pas me sourire encore ? Ah ! si je ne puis
plus lui témoigner l'amour et le respect que j'avais pour elle,
je puis, du moins, montrer aux autres que je tiens à honneur
d'être son fils, que je ne rougis pas de ma naissance, que je
n'ai pas honte de n'être qu'un pauvre enfant trouvé ! Moi, que
mon père n'a pas reconnu, je veux me faire une famille à moi,
dans mon entourage, parmi mes employés, je veux que ma
femme de charge soit la servante de mes ouvriers... je veux
que mon associé soit comme moi leur frère et m'aide à les
rendre heureux. Oui, nous ferons revivre le bon vieux temps,
alors que patrons, commis, domestiques, mêlés, unis, con-
fondus... vivaient ensemble comme une seule et même famille...
A chacun sa tâche, mais même toit et une seule table pour
tous.

SCÈNE II

LES MÊMES, SAM, sortant de la cave avec son rat-de-cave qu'il pose
sur un tonneau.

MAY, à Sam.

Qu'est-ce que tu veux, toi ?

SAM.

C'est justement de la table et du toit que je viens vous parler, patron.

LE DOCTEUR, à May.

Eh ! eh ! voilà l'un des bébés de votre nouvelle famille. (Montrant le tablier de cuir de Sam.) Eh bien ! sa bavette ne s'usera pas de sitôt et ne coûtera pas cher de blanchissage.

MAY, à Sam.

Et qu'est-ce qui te fait sortir de ton trou ? rat de cave.

SAM.

Parlant en personne et pour moi seul, jeune patron, je ne parle jamais pour les autres, vous savez... si vous tenez à me donner la table et le logement, je m'y soumets... Quant au logement, je suis toujours dans la cave... Pour ce qui est de la table, j'y tiens ma place tout comme un autre... je ne crains personne pour l'appétit. Il ne s'agit pas pour moi de ce que je prends, mais de combien je prends.

LE DOCTEUR.

Comme dans tous les états, mon brave, la nature humaine est partout la même... La question n'est pas dans ce qu'on vous offre, mais dans ce qu'on empoche.

SAM.

Alors, ils vont tous se goberger ici, n'est-ce pas ? les trois garçons de cave, les garçons de peine, les deux porteurs et les apprentis. Et les hommes de journée en sont-ils ?

MAY.

Les hommes de journée en sont.

SAM.

Ah !

MAY.

Et nous vivrons tous en famille et nous serons heureux.

SAM.

J'espère qu'ils le seront, patron.

MAY.

Comment ! ils ?... pourquoi ne dis-tu pas nous ?

SAM.

Ne comptez pas sur moi pour faire un nous, patron, ne comptez pas sur moi pour être heureux ; je suis moisi et mélancolique, je n'absorbe que les vapeurs du porto. Heureux ! c'est bon à vous autres qui êtes habitués à boire votre vin par le système ordinaire, à le laisser doucement couler par l'entonnoir de la gorge, d'être heureux et fringants ; mais moi je ne prends le vin que par les pores de la peau, et pris ainsi, il déprime, il alanguit. Chaque goutte de vin que vous prenez vous enlève une ride et vous met le sourire aux lèvres : essayez d'en prendre la moitié par les pores et vous arriverez au misérable état dans lequel je suis.

LE DOCTEUR.

Je me contenterais bien de ta santé, moi, pas pour mes clients, pour moi. Mais il est dix heures, les femmes de charge vont se présenter, et...

MAY.

Georges s'est chargé de les recevoir et de m'envoyer seulement celle qu'il croira devoir le mieux me convenir. (Le docteur secoue la tête et se lève.) Vous ne vous en allez pas ?

LE DOCTEUR.

J'ai un malade à voir dans le quartier, je reviendrai. (Se versant un dernier verre de vin.) Allons, le coup de l'étrier.

SAM.

Prenez-le par la bouche, c'est le bon système. (Tout en reconduisant le docteur.) Au revoir, docteur, au revoir monsieur Payne, revenez bientôt.

Il parle toujours jusqu'à ce que le docteur ait disparu.

SCÈNE III

SAM, RICHARD MAY.

SAM, à Richard.

Vous avez donc pris un associé ? patron. C'est donc monsieur Georges qui entre avec vous ?

MAY.

Oui. Est-ce que tu as à dire quelque chose contre Georges ?

SAM.

Oh ! Dieu, non, monsieur, j'aime M. Georges, mais je n'aime pas qu'on change le nom de la maison. C'était déjà bizarre de mettre vous-même et Compagnie, au lieu du joyeux vieux nom de Parkins neveux, que la bonne chance a toujours suivi. Vous avez tourné la chance, monsieur ; faut jamais tourner la chance.

SCÈNE IV

Les Mêmes, GEORGES LESLIE.

MAY.

Voilà Georges.

GEORGES, au haut de la rampe de l'escalier.

J'ai fait mon tri parmi les femmes de charge, Richard, et il

n'y en a qu'une seule dans la collection qui ne soit pas un
parfait repoussoir; mais, celle-là a une bonne figure, de
bonnes manières; elle m'a plu et je crois qu'elle te plaira.
Elle se nomme Sarah Robson.

MAY.

Robson ! j'ai sûrement connu quelqu'un de ce nom-là.

GEORGES.

Si e'est une vieille connaissance, tant mieux (Se tournant vers
la maison.) Par ici, mademoiselle Robson, voici M. Richard
May.

Il passe au milieu.

SARAH.

Richard May !

Elle descend les marches du perron.

SAM, à part.

M'est avis que le patron Georges a raison, c'est une femme
sur champ.

GEORGES, à Richard.

Maintenant, je te laisse, je vais aux docks vérifier nos arri-
vages. Tu sais où me trouver si tu as besoin de moi : à bientôt,
Richard.

Il sort.

SCÈNE V

RICHARD, SARAH, SAM.

RICHARD, à part, regardant Sarah.

Ses traits me sont familiers, où donc l'ai-je vue ?

SARAH, s'avançant d'un pas et restant pensive.

Richard ! Richard May ! non, cela ne se peut pas. May est
un nom commun ici, je suis folle.

SAM, à Richard.

Arrêtez-la, patron, arrêtez-la, vous ne trouverez pas la pareille à cette femme-là, c'est moi qui vous le dis et les vapeurs
aussi. Je le sens bien, moi. Est-elle campée! elle est sur
champ! Elle vous entre ici comme un rayon de soleil par le
soupirail d'une cave; elle vous éclaire le chemin que je n'ai
plus besoin de mon rat. (Sur le point de descendre.) Quelle femme,
est-elle d'aplomb!

Il rentre par les caves.

SCÈNE VI

RICHARD, SARAH.

RICHARD, à Sarah.

Voulez-vous passer dans le bureau ?

SARAH, se remettant et passant.

Je vous demande pardon, monsieur. (Elle va entrer dans le bureau lorsque tout à coup, elle s'arrête et jette un cri.) Ah!

RICHARD.

Qu'y a-t-il? qu'avez-vous?

SARAH.

Rien.

RICHARD.

Rien?

SARAH.

Pardon... puis-je vous demander... Il y a un portrait dans ce bureau, monsieur?

RICHARD.

C'est le portrait de ma mère. Qu'y a-t-il là qui vous effraie?

SARAH, à part.

Sa mère!

RICHARD.

Oui, ma défunte mère.

SARAH, à part.

La dame d'il y a douze ans.

Elle fait un mouvement pour sortir.

RICHARD.

Encore une fois, qu'avez-vous?

SARAH.

Pardon, je regrette de vous avoir dérangé, je... je... ne crois pas que la place en question puisse me convenir.

Elle passe à gauche.

RICHARD.

Restez, j'éprouve une émotion étrange... votre nom m'intrigue, votre figure m'est connue. Regardez-moi. J'y suis. Vous étiez l'une des gardiennes des enfants trouvés. Parbleu! Sarah Robson, c'est vous qui m'avez soigné jusqu'à l'âge de douze ans.

SARAH, à part.

Que puis-je lui dire?

RICHARD.

Vous êtes la chère créature qui avez eu pitié de ma pauvre mère. Oh! nous avons souvent parlé de vous, tous les deux. C'est vous qui m'avez désigné à elle dans le réfectoire, c'est vous qui m'avez fait ce que je suis.

SARAH.

Oui, Dieu me pardonne, c'est moi!

RICHARD.

Dieu vous pardonne! que voulez-vous dire? mais parlez donc.

SARAH.

Remettez-vous, monsieur. Vous avez dit il y a une minute que cette dame...

RICHARD, à part.

Elle appelle ma mère cette dame !... (A Sarah.) Lorsque vous parlez de ma mère, pourquoi ne l'appelez-vous pas ma mère ?

SARAH.

Cette dame vous a fait part de mes confidences. Vous rappelez-vous bien ce que je lui ai dit ?

RICHARD.

Est-ce que je puis l'avoir oublié !

SARAH.

Selon moi, je disais alors la vérité, monsieur, comme je prétends encore la dire aujourd'hui. Mais vous ne savez pas, et à cette époque je ne savais pas moi-même ce qui était arrivé à la succursale de l'hospice, en province. Une étrangère, une veuve, madame Miller, vint à l'institution six mois après que l'enfant avait été retiré de Londres. Son but était d'adopter l'un de nos orphelins et elle était pourvue de l'autorisation nécessaire. L'enfant qu'elle choisit fut celui que j'avais vu baptiser, l'enfant de la dame dont le portrait est là.

RICHARD.

Pourquoi ne pas parler clairement ? Pourquoi ne pas dire « Moi ? »

SARAH.

Je veux dire, monsieur, l'enfant de cette dame : vous n'êtes pas son enfant. (Richard tressaille.) Vous ne fûtes reçu à l'hospice que trois semaines après la date dont je parle, à l'hospice en province. Il fut question du nom qu'on vous donnerait : le nom de l'enfant qui avait été adopté était vacant, il vous fut donné. Après trois ans, l'on vous renvoya à l'hospice de Londres, on vous y renvoya sous le nom de Richard May. J'ignorais toutes les circonstances de votre réception ; que pouvais-je conclure ? C'est que vous étiez l'enfant que j'avais vu baptiser. Comment pouvais-je savoir que le premier Richard May avait été adopté et emmené et que vous aviez été mis à sa place ?

RICHARD, chancelant.

Est-ce que la nuit vient ? Est-ce que la vue me manque ? Soutenez-moi, je ne sais plus où je suis.

SARAH, le soutenant et le conduisant près du grand baril, le fait asseoir.

Voulez-vous du secours ? voulez-vous que j'appelle ?

RICHARD.

Non, non, restez près de moi ! Attendez, donnez-moi le temps de me remettre. (Se redressant subitement.) Et qui est-ce qui me dit que votre histoire est vraie ?

SARAH.

Dans ma situation, monsieur, est-ce que j'oserais vous mentir ?

RICHARD.

O Dieu! elle que j'aimais tant! Je croyais si bien que j'étais son fils.

Il regarde le portrait, sa tête s'affaisse, Sarah la supporte sur son épaule.
Il fait des mouvements pour se dégager.

SARAH.

Là, monsieur, laissez-la reposer là : bien des fois cela vous est arrivé de dormir ainsi quand vous étiez enfant à l'hospice.

RICHARD.

Elle mourut dans mes bras, elle mourut en me bénissant, comme seulement une mère pouvait me bénir. Oh! Sarah! Sarah! pourquoi ne pas avoir parlé plus tôt?

SARAH.

Est-ce que je le pouvais, monsieur? Est-ce que je le savais? Il y a deux ans, trouvant le travail de l'hospice trop lourd pour moi, je le quittai pour entrer en service. J'allais pour dire adieu à une amie, à notre succursale en province, et là, j'appris pour la première fois ce que je viens de vous dire. Où pouvais-je trouver la pauvre dame? Où pouvais-je vous trouver, vous? Ce n'est pas ma faute, monsieur et si vous m'aviez laissée partir, si vous ne m'y aviez pas forcée, je n'aurais pas parlé encore à présent.

RICHARD, se levant.

Comment! vous ne m'auriez rien dit! vous m'auriez laissé dans l'ignorance! vous m'auriez laissé accaparer la place et le bien d'un autre. (*Il passe à gauche.*) Il faut qu'on le trouve! Quelle est cette femme qui a adopté l'enfant?

SARAH.

Je vous l'ai dit, monsieur, madame veuve Miller.

RICHARD.

Où est-elle?

SARAH.

Il s'est passé vingt-quatre ans depuis lors, monsieur. Tout ce qu'on sait, c'est qu'elle emmena l'enfant en Suisse.

RICHARD.

En Suisse! Quelle partie de la Suisse?

SARAH.

Personne ne le sut alors, monsieur, et personne ne le sait encore aujourd'hui.

Entre le docteur Payne.

SCÈNE VII

LES MÊMES, LE DOCTEUR PAYNE.

LE DOCTEUR, entrant.

Eh bien, avez-vous votre femme de charge?

RICHARD.

Taisez-vous, taisez-vous!

LE DOCTEUR.

Qu'y a-t-il?

RICHARD.

Il y a... il y a... (A Sarah) Tenez, dites-le lui vous-même, moi, je ne puis pas, je ne trouve pas. (Sarah et le docteur causent bas pendant que Richard, descendant la scène, continue seul.) Elle m'a laissé sa fortune, elle m'a laissé tout ce que je possède dans la conviction que j'étais son fils, et je ne suis pas son fils! et je vole innocemment l'héritage d'un autre! (A Payne.) Il faut qu'on le trouve, docteur!

LE DOCTEUR, conduisant Sarah à la porte du bureau.

Entrez dans le bureau, ma fille, attendez là, laissez-moi lui parler.

Sarah entre dans le bureau.

SCÈNE VIII

LE DOCTEUR PAYNE, RICHARD.

LE DOCTEUR.

Mauvaise affaire, monsieur, mauvaise affaire; mais je ne vois pas que cette fille soit à blâmer.

RICHARD.

Sarah, à blâmer! C'est une bonne fille, elle restera ici à mon service. Il ne s'agit pas de cela, docteur, il faut qu'on me retrouve le véritable héritier.

LE DOCTEUR.

Après vingt-quatre ans! pas facile, mon garçon, pas facile.

RICHARD.

Il faut qu'on me le retrouve.

LE DOCTEUR.

Cela peut-être long.

RICHARD.

Ah! mon Dieu, je me sens mal, si j'allais mourir avant.

LE DOCTEUR.

Doucement, eh! doucement! pas de bêtise, je suis votre médecin : qu'on ne me mette pas cela sur le dos.

SCÈNE IX

LES MÊMES, GEORGES.

RICHARD, à Georges qui entre.

Ah! Georges, viens ici, près de moi; il m'arrive quelque chose d'affreux.

GEORGES.

Je le sais, j'apprends à l'instant le coup qui te frappe et je viens à toi pour te soutenir, pour te consoler, pour t'aider au besoin.

RICHARD.

Oui, oui, c'est cela, console-moi, aide-moi surtout. Je me sens comme complice de la fraude, il me semble que j'ai, non-seulement volé la fortune, mais aussi l'affection de cette chère femme. Oui, oui, pour elle, pour sa mémoire, il faut que cette fortune soit rendue à qui de droit.

LE DOCTEUR.

Mais où diable voulez-vous trouver ce garçon? voyons, monsieur Georges, vous qui êtes raisonnable, si nous en faisons une affaire de petites affiches, si nous annonçons dans le *Times* : « héritage à prendre ! » n'invitons-nous pas tous les gueux, tous les filous du royaume à se poser en concurrents? Même en suivant l'avis de notre ami commun, ce brave Richard que voici, idée que je ne partage pas, remarquez bien, que je répudie, la restitution est impossible. Tournez la question comme bon vous semblera, Richard, vous êtes dans un abîme, je vous défie d'en sortir.

GEORGES.

D'ailleurs, l'homme peut être mort.

RICHARD.

L'homme peut être vivant. Nous sommes déjà sur la trace, nous savons que l'enfant adopté a été emmené en Suisse... voilà mon point de départ... c'est en Suisse qu'il faut chercher l'enfant. (Se retournant vers le portrait.) Je le retrouverai, va, moi, ton garçon, bonne mère, et si personne ne veut m'aider, eh bien, j'irai en Suisse, et je saurai bien le découvrir.

SCÈNE X

Les Mêmes, SAM.

RICHARD, à Sam.

Qu'est-ce qu'il y a encore?

SAM.

C'est un monsieur, dans un cab, à la porte : il désire vous voir.

RICHARD.

Qui cela?

SAM.

C'est un étranger, voilà sa carte et une lettre.

RICHARD, passant la carte et la lettre à Georges.

Vois ce que c'est, moi, je... je n'y tiens pas, je ne puis voir personne.

GEORGES, lisant la carte de visite.

Karl Rischenbach!

LE DOCTEUR, lisant par-dessus son épaule.

De Neufchâtel, en Suisse.

RICHARD.

En Suisse? Je veux le voir.

LE DOCTEUR.

Vous n'y êtes pas! vous voulez le voir! sacrebleu! comme vous changez d'idée.

RICHARD.

La trace! la trace! En Suisse! cet étranger peut nous aider.

GEORGES, après avoir lu la lettre.

M. Rischenbach n'est pas un étranger pour moi, du moins, c'est un compagnon de voyage. Nous avons fait route ensemble dans la montagne, quand je parcourais inutilement la Suisse pour recueillir des détails sur la mort de mon malheureux père, disparu depuis trois ans. La lettre que nous apporte M. Rischenbach est de nos correspondants Defremier et Cie, marchands de vins à Neufchâtel... Ils nous recommandent M. Rischenbach, comme leur agent à Londres, et nous prient de le recevoir en ami et de traiter directement avec lui pour les affaires qui nous sont communes...

RICHARD.

Comment se fait-il que tu ne m'en aies jamais parlé?

LE DOCTEUR.

Diable, vous rougissez, Georges, mauvais symptôme! Est-ce que le sang va aussi vous monter à la tête, à vous?

GEORGES.

Pur enfantillage. Quand nous nous rencontrâmes, M. Rischenbach et moi, il avait déjà un compagnon de route : une jeune fille.

LE DOCTEUR.

Oh! oh! les symptômes se compliquent.

RICHARD.

Sa fille?

GEORGES.

Non pas. Rischenbach est à peu près de ton âge.

RICHARD.

De mon âge?

GEORGES.

Pas plus vieux que nous.

LE DOCTEUR.

Et la jeune fille?

GEORGES.

Sa pupille. Et pendant le voyage.....

2

LE DOCTEUR.

Vous en devîntes amoureux... Permettez-moi de vous tâter le pouls. Vieille habitude de médecin.

GEORGES.

A votre service, docteur, et je vous aiderai même à diagnostiquer ma maladie. Je l'aimais alors, je l'aime encore, et je l'aimerai toute ma vie... Est-ce assez clair et connaissez-vous le remède?

LE DOCTEUR.

Je le connais bien, mais il est pire que le mal.

RICHARD.

Ceci ne me dit pas pourquoi tu ne m'en as jamais parlé.

GEORGES.

Puisque nous sommes dans les confidences, voici la vérité tout entière... J'étais fort jeune alors, vantard comme tout commis voyageur, et désireux d'avancer promptement dans les bonnes grâces de la dame. Je me suis stupidement affublé d'une haute position sociale, d'un grand nom de famille, et j'ai souvent depuis rougi de cette sotte incartade... L'arrivée de M. Rischenbach m'a rendu honteux de moi-même, et...Voilà tout.

RICHARD.

Alors, tu ne veux pas le voir?

GEORGES.

Au contraire, il y a d'abord une question d'affaires; et plus tôt je réparerai ma folie, plus tôt je serai excusé à mes propres yeux...

RICHARD, à Sam.

Alors, faites entrer M. Rischenbach...

Sam va ouvrir la petite porte d'entrée.

SCÈNE XI

Les Mêmes, RISCHENBACH.

RISCHENBACH, s'avançant.

M. Richard May?

RICHARD.

C'est moi, monsieur; vous venez à nous parfaitement recommandé, soyez le bienvenu. (Lui présentant le docteur.) Mon médecin et ami, le docteur Payne.

RISCHENBACH.

Enchanté de faire la connaissance du docteur Payne. (Au docteur) Le docteur Payne! Je suis fier, monsieur, de vous serrer la main.

LE DOCTEUR.

Trop poli ! Il me déplaît.

RICHARD, présentant Georges.

Monsieur Georges Leslie, mon associé.

RISCHENBACH, traversant et allant à Georges.

Ah ! ah ! mon compagnon de route, sir Georges Leslie, comment va ? charmé ! charmé !

Il prend Georges par les coudes par manière d'embrassade.

GEORGES.

Vous ne vous attendiez pas à me trouver ici comme associé dans cette maison ?

RISCHENBACH.

Pardonnez-moi, je savais en partant de Neufchâtel vous trouver ici associé dans cette maison. D'ailleurs, que vous disais-je dans les montagnes quand vous vous étonniez de leur prodigieuse hauteur ? Vous trouvez cela grand, mais le monde est si petit, ah ! si petit est le monde que les mêmes gens se croisent et se heurtent sans cesse sans jamais pouvoir s'éviter. Non qu'il ne me soit agréable de vous rencontrer, oh ! Dieu non. Et vous allez bien, vous êtes content ? charmé ! charmé !

Il lui serre de nouveau les coudes.

LE DOCTEUR, à part.

Il a une manière féline d'exprimer son contentement, celui-là !...

RICHARD.

Vous dites ?

LE DOCTEUR.

Rien ! charmé ! charmé des élans de M. Rischenbach.

RISCHENBACH.

Et vous avez eu la bonté d'entrer dans le commerce, vous, sir Georges Leslie, descendant d'une si haute famille ! marchand de vins ! Oh ! mais pardon, les vins, est-ce un commerce en Angleterre ? ou une profession libérale ? Pas un art, n'est-ce pas ?

GEORGES.

M. Rischenbach, quand nous nous rencontrâmes en Suisse, j'étais à peine majeur, je venais d'hériter de la fortune de ma mère, je me montrais niaisement jeune ; depuis, l'expérience m'est venue, j'ai jeté la gourme de ma jeunesse et avec elle ma sotte vanité.

RISCHENBACH.

Vanité ! mais vous prélevez là un impôt sur votre modestie, un impôt aussi lourd et aussi peu justifié que l'*income tax*. Cependant, cher monsieur, j'aime votre condescendance, cela élève le commerce. Le malheur du commerce c'est d'être chose vulgaire. Le premier venu, moi, par exemple, un pauvre mendiant, peut s'y accrocher, grimper à son aide, s'élever. Oui, monsieur Richard. (S'adressant à Payne) Oui, monsieur... monsieur...

LE DOCTEUR.

Payne, docteur Payne.

RISCHENBACH.

Oui, docteur Payne, je possède votre vertu anglaise, la franchise; je m'avoue homme de basse origine, et pour le peu que j'en sais, un homme sans origine aucune.

RICHARD, à Payne.

L'entendez-vous?

LE DOCTEUR.

Comme médecin, je n'écoute jamais les charlatans.

GEORGES.

Puis-je vous demander des nouvelles de votre pupille? Mademoiselle Marguerite est en bonne santé?

RISCHENBACH, devenu sérieux.

Mademoiselle Marguerite est, je suis heureux de vous le dire, monsieur, en parfaite santé.

Il boit le vin qu'on lui a servi sur le baril.

LE DOCTEUR, à Rischenbach.

Vous paraissez bien jeune, monsieur... monsieur?...

RISCHENBACH.

Rischenbach.

LE DOCTEUR.

Vous paraissez bien jeune, pour être le tuteur d'une demoiselle.

RISCHENBACH.

Jeune d'années, docteur, vieux en expérience et en circonspection. Le père de cette jeune fille que j'ai l'honneur et la joie d'avoir élevée, était comme moi d'origine obscure, un paysan. Il me connaissait depuis l'enfance, il m'avait vu faire mon chemin honnêtement, avançant pied-à-pied et ne demandant de secours à personne dans la route que lui-même avait suivie. Il reconnaissait en moi un frère en énergie. Dernier survivant de sa nombreuse famille, il mourut dans l'isolement, ayant péniblement amassé une petite fortune pour sa fille unique; il mourut, sachant qu'il pouvait se reposer en moi; il mourut en me confiant son enfant. J'acceptai cette mission sacrée. Ah! messieurs, je ne suis pas sûr de mon origine, je ne sais même point si ceux qui se disaient mes parents étaient en effet mes parents; mais ce dont je suis certain, c'est de mon dévouement, pour Marguerite, ce dont je réponds, c'est de bien veiller sur elle; ce dont je suis sûr, c'est que je lui appartiens corps et âme.

RICHARD, à part, au docteur.

Il est de mon âge, il n'est pas sûr de son origine, il doute que ses parents soient ses parents. Qu'en dites-vous ?

LE DOCTEUR.

Rien de bon pour lui.

GEORGES, à Rischenbach.

Mademoiselle Marguerite est en Suisse ?

RISCHENBACH, montrant le fond.

Mademoiselle Marguerite est ici avec cette excellente madame Dor.

GEORGES.

Ici ?

RICHARD.

Comment, ici !

RISCHENBACH.

Oui, dans le cab...

RICHARD.

Comment, ces dames attendent au dehors... Je vous en supplie, faites-les entrer.

GEORGES.

Je vais moi-même...

RISCHENBACH, lui barrant la route.

Non pas, pour rien au monde je ne voudrais vous donner cette peine.   (Il sort.)

GEORGES, à part.

A-t-elle gardé mon souvenir ?

RICHARD au docteur.

Il y a quelque chose de providentiel dans l'arrivée de cet homme ici en ce moment.

LE DOCTEUR.

Laissez la Providence faire son métier toute seule... Si vous voulez suivre mon ordonnance, quand M. Rischenbach, va rentrer...

RICHARD.

Eh bien ?...

LE DOCTEUR.

Vous me ferez le plaisir de vous taire.

Rischenbach entre conduisant Marguerite et suivi de madame Dor. Madam Dor a un gant sur la main, elle est en train de le nettoyer avec de la gomme... Assise ou debout elle a toujours le dos tourné aux personnes qui l'entourent.

SCÈNE XII

LES MÊMES, MARGUERITE, MADAME DOR.

RISCHENBACH, à Richard et au Docteur, en leur présentant Marguerite.

Ma pupille, mademoiselle Marguerite.

2.

Richard et le docteur saluent Marguerite. — Celle-ci remarque Georges et
laisse voir le plaisir qu'elle éprouve à le rencontrer — Elle jette un coup
d'œil à Rischenbach et soudain se retient. Elle et Georges se parlent bas
pendant que Rischenbach fait d'une manière plaisante l'introduction de
madame Dor.

RISCHENBACH, présentant madame Dor.

Madame Dor, l'ange gardien, messieurs, de mes gants et
de mes bas.

Madame Dor fait une petite révérence de côté, à Richard et au docteur,
puis elle retombe assise sur le banc, le dos tourné à tout le monde; elle
nettoie toujours son gant. Rischenbach continue.

Vous adorez tout détail domestique en Angleterre, M. Richard,
vous les affichez au théâtre, vous en emplissez vos romans,
vous en fabriquez des tableaux. (Montrant madame Dor.) Admirez
dans madame Dor les qualités domestiques faites femmes...
Aujourd'hui, elle nettoie mes gants, demain elle ravaudra mes
bas, le jour d'après, jusqu'au coude dans la farine, elle fabri-
quera mes puddings, mes bons, lourds, indigestes puddings
anglais... Vous voyez ses larges épaules, eh bien ! c'est à peine
si dans cette immensité il y a place pour son grand cœur.

MARGUERITE, à Georges à l'avant-scène.

Ainsi, vous vous souvenez de nos lacs et de nos montagnes ?

GEORGES.

Vous êtes-vous jamais souvenue des jours heureux passés
ensemble?

MARGUERITE.

Je ne me souviens que de cela...

RISCHENBACH, descendant entre eux à Marguerite.

Tu es émue... Te sens-tu fatiguée du voyage? J'ai eu tort
de t'emmener... (Mouvement négatif de Marguerite.) Non? oh! tu es
trop bonne pour me le reprocher... Tu ne veux rien avouer
qui me fasse de la peine.

Marguerite va à madame Dor, Richard et le docteur vont leur parler.
Rischenbach se tourne soudainement vers Georges.

RISCHENBACH.

Ah! monsieur Leslie, je veux faire à Londres, à cette charmante enfant, un intérieur qui soit digne d'elle... D'où viendra
l'argent? Je ne sais, mais cela se fera... Votre esprit commer-
cial peut-il admettre qu'un homme sacrifie tout à une seule
idée? Non, n'est-ce pas? vous êtes si bien élevés, en Angleterre, vous êtes si chanceux, si riches! moi, j'ai été élevé dans
l'étable avec les bestiaux, ma richesse était sur la route où je
mendiais pieds-nus par les chemins... Quant à ma chance, pendant que vos parents vous disaient: Petit ange, un baiser pour
un gâteau, mes parents, s'ils étaient mes parents, me disaient
à moi; Tu as faim, va mendier... Tu as froid, voilà le bâton.
Ah! l'on était bien traité là ou j'ai passé ma jeunesse... Oh!
la Suisse! la Suisse!

MARGUERITE, descendant.

Moi, j'aime mon pays...

RISCHENBACH à Marguerite.

Est-ce que mes paroles t'ont blessée, est-ce que tu m'en veux de ce que je dis? je parle dans la fière Angleterre.

MARGUERITE.

Je parle dans ma fierté native... J'ai l'orgueil de mon pays... je n'ai pas honte d'être la fille d'un paysan...

GEORGES à Marguerite.

Bien pensé et bien dit, mademoiselle.

RISCHENBACH, à Marguerite.

Prends congé, Marguerite... (A madame Dor.) En route, madame Dor...

(Madame Dor passe au milieu.)

GEORGES, à Marguerite.

Nous nous verrons souvent.

MARGUERITE.

Cela dépendra de mon tuteur.

Pendant ce temps Richard May fait des efforts pour s'approcher de Rischenbach et lui parler. Il est retenu par le docteur Payne qui veut l'en empêcher.

RICHARD.

Monsieur Rischenbach !

LE DOCTEUR.

Voulez-vous bien vous taire?

RISCHENBACH, offrant son bras à Marguerite.

Monsieur Richard May et vous monsieur Georges Leslie, je vous remercie de votre cordiale réception. (A Marguerite gaiement.) Et nous, ma chérie, à la chasse aux maisons. Je veux t'installer le plus joli chez soi que le comfort anglais puisse produire. (Aux hommes.) Là, messieurs, nous ferons, je l'espère, de nos relations de commerce des relations d'amitié.

Il remonte au fond avec Marguerite, tous deux sont suivis par madame Dor.

GEORGES, à part.

C'est un homme bien dévoué.

LE DOCTEUR, de même.

Cet homme est un coquin.

RICHARD.

C'est peut-être l'homme que je cherche.

Rischenbach qui, pendant ce temps, a fait monter Marguerite et madame Dor en voiture, salue les trois hommes.

ACTE DEUXIÈME

Quatrième Tableau

Salon richement meublé dans l'appartement de Rischenbach. Porte et fenêtre au fond. — Porte conduisant à l'intérieur de droite. — A gauche, un bureau. — Guéridon au milieu. Console au fond, entre la porte et la fenêtre. — Table à ouvrage devant la fenêtre.

SCÈNE PREMIÈRE

MARGUERITE, RISCHENBACH, MADAME DOR.

Madame Dor ravaude des bas à la table à ouvrage près de la fenêtre Marguerite est assise à ses côtés, elle brode. Rischenbach compte de l'argent au bureau de gauche.

MARGUERITE, jetant un coup d'œil sur le square.

Monsieur Leslie sait que c'est aujourd'hui ma fête, et cependant monsieur Leslie ne vient pas.

RISCHENBACH, comptant l'argent.

Cent, deux cent, quatre cent, quatre cent cinquante livres sterling. Il en manque cinquante encore pour compléter les cinq cents, la somme soustraite par moi et qu'il me faut remplacer sous peine d'être perdu. (Il s'assied au guéridon et y dépose l'argent qu'il compte) Oh! ce luxe ruineux!... cette apparence menteuse d'opulence et de prospérité! Marguerite saura-t-elle jamais ce que me coûte le bien-être qui l'entoure? L'a-t-elle même remarqué? (Marguerite vient prendre le panier à laine sur le guéridon près de lui. Rischenbach lui envoie un baiser. — Marguerite sourit à son tuteur et retourne à sa place.) Oui, oui, il n'y a que trois mois que nous sommes à Londres et elle a décidément changé d'allures vis-à-vis de moi, elle est plus familière, elle s'est souvent montrée presque affectueuse. Oh! oui, elle pense beaucoup moins à cet homme, ce Leslie!

MARGUERITE

Pas de trace de M. Georges. Cependant je croyais si bien qu'il serait le premier à me souhaiter ma fête.

RISCHENBACH, maniant l'argent.

Que vais-je pouvoir lui donner?... Rien... rien que les fleurs qu'elle aime, les quelques fleurs dont la pauvre éloquence devra parler pour moi. S'il lui fait un présent, lui, ce sera quelque bijou d'un luxe insolent. (Ses yeux tombent sur l'or et les banks-notes qu'il remue dans ses mains.) Si j'osais!... Si je pouvais oser me servir de cette somme! je sais bien lequel des deux éclipserait l'autre. Pardieu! j'ai un mois devant moi... les cinq cents livres ne sont payables que dans un mois. Oh! non! non! ce serait folie! (Se levant.) Ma fraude découverte, je deviens un voleur vulgaire, mon nom est déshonoré. Elle, elle-même me mépriserait!... Non! non, mettons cet argent sous clef! sa vue me tente, m'attire... Bah! la tête de cet homme est bourrelée d'affaires; il oubliera la fête de Marguerite.

MARGUERITE, courant à la porte.

h! mon cœur ne m'avait pas trompé. Le voici!

RISCHENBACH.

Qui donc?

MARGUERITE.

M. Geor... M. Leslie!...

RISCHENBACH.

Il n'a pas oublié!

SCÈNE II

LES MÊMES, GEORGES.

GEORGES, présentant un petit écrin à Marguerite.

Puis-je vous offrir, mademoiselle, mes meilleurs souhaits, et daignerez-vous accepter ce modeste souvenir?

RISCHENBACH.

Modeste souvenir, M. Leslie! Ah! que le riche feint aisément l'humilité.

Georges vient lui serrer la main.

MARGUERITE.

A-t-il compris en effet que je ne pouvais accepter de lui qu'un modeste souvenir?

GEORGES.

Vous n'ouvrez pas l'écrin? Vous ne voulez pas voir ce qu'il renferme?

RISCHENBACH.

Je n'y tiens plus, le sort en est jeté. (Il arrache l'argent du tiroir qui le renferme. A Marguerite.) Je vous laisse pour un instant, Marguerite. M. Leslie me rappelle que je suis en retard avec vous; mon cadeau n'est pas fait encore. (En remontant prendre son chapeau :) Quelques minutes seulement, et je suis de retour. (Il échange quelques signes d'intelligence avec madame Dor, comme pour lui demander de veiller sur les deux jeunes gens. Arrivé à la porte du fond, il dit :) Non, Leslie, quoi qu'il arrive, tu ne m'écraseras pas de ton luxe.

Pendant ce temps, Marguerite ouvre l'écrin et en sort un petit médaillon suisse.

SCÈNE III

MARGUERITE, GEORGES, MADAME DOR.

MARGUERITE, tenant le médaillon.

Ah! M. Leslie, que vous m'avez bien comprise! un souvenir de mon pays! un souvenir de mon passé... le seul cadeau que je puisse accepter d'une personne au-dessus de moi.

GEORGES.

Suis-je pardonné, maintenant ?

MARGUERITE.

Plus que pardonné, je vous suis reconnaissante. Je me sens toute fière.(Traversant et prenant un ruban de velours qu'elle attache au médaillon.) Oh ! je suis bien heureuse !

GEORGES.

Heureuse ! (Madame Dor laisse tomber ses ciseaux.) Encore, toujours madame Dor ! Ne saurait-on déplacer ce meuble vivant ! serai-je toujours condamné à son éternelle présence ! (Le coton de madame Dor tombe à terre.) Miracle ! sa tête s'incline, son travail s'interrompt; l'aiguille tombe de ses mains. Amour de femme ! elle cède à la nature et consent à s'endormir.

MARGUERITE, se levant pour éveiller sa gouvernante.

Madame...

GEORGES, l'arrêtant.

Ne la dérangez pas ! j'ai à vous parler... J'ai dans le cœur un secret que je ne puis confier qu'à vous. Laissez-moi vous le dire.

MARGUERITE.

Quels droits puis-je avoir à connaître vos secrets, M. Leslie?

GEORGES.

Écoutez-moi, Marguerite.

MARGUERITE, s'asseyant.

Je vous écoute.

GEORGES.

Je le sais bien, et c'est pour cela que je ne trouve pas un mot.

MARGUERITE.

Parlez !

GEORGES.

Jamais je ne le pourrai, si vous persistez à fixer ainsi vos yeux sur votre ouvrage... si... si vous ne m'aidez pas un peu.

MARGUERITE.

Moi !

GEORGES.

Marguerite, depuis que je suis reçu ici, dans nos chères causeries du soir, alors qu'en présence de votre tuteur et sous l'espionnage de madame Dor, nous voyageons ensemble dans le passé, je vous ai souvent parlé de mon admiration pour la majestueuse grandeur de votre pays, de l'impression profonde que j'en rapportais. Mais il y a dans mon cœur, un souvenir plus précieux et que je n'ai pu vous révéler encore. Pouvez-vous le deviner ?

MARGUERITE.

Je manque absolument de divination, M. Leslie; souvenir de montagne, peut-être ?

GEORGES.

Oh! non, un souvenir bien autrement chéri.

MARGUERITE.

Souvenir de nos lacs ?

GEORGES.

Ni lacs ni montagnes ne sont associés à mon bonheur dans le présent, à mon espérance dans l'avenir.

MARGUERITE.

Que puis-je pour votre présent ou pour votre avenir, moi ?

GEORGES.

Ah ! vous savez donc qu'il s'agit de vous ?

MARGUERITE.

M. Leslie !

GEORGES.

Marguerite ! bonheur, espérance, avenir ! Tout ce qui peut faire une vie enviable, heureuse, est en vous. Mon sort dépend de votre réponse, d'une seule parole de vos lèvres. Marguerite, je vous aime !

MARGUERITE.

Oh ! M. Leslie! qu'il eût été bien à vous de garder votre secret... Que ne l'avez-vous compris!... Avez-vous oublié la distance qui nous sépare ?

GEORGES.

Il n'y a de distance entre nous que celle qu'il vous plaît de créer, y a-t-il des degrés dans l'amour?... Beauté, bonté, noblesse d'âme, vous placent au premier rang.

MARGUERITE.

Songez à votre origine, songez à la mienne.

GEORGES.

Si vous persistez dans ce moyen de refus, je croirai que ma demande vous déplaît.

MARGUERITE.

Oh! non. (Georges la saisit violemment dans ses bras.) Ce n'est pas cela que je voulais dire, je voulais... je ne sais plus... Oh! soyez bon, laissez-moi, monsieur Leslie...

GEORGES.

Monsieur Leslie!... Marguerite, il est un nom qu'aucune femme ne m'a donné depuis que j'ai perdu ma mère... Ne le connaissez-vous pas?

MARGUERITE.

Georges!

GEORGES.

Dites-moi que vous m'aimez!

MARGUERITE, après une seconde d'hésitation.

Je vous aime!

SCÈNE IV

Les Mêmes, RISCHENBACH.

RISCHENBACH, du dehors.

Ici, dans le salon, par ici...

Madame Dor se réveille en sursaut et reprend à terre ses ustensiles de travail.

MARGUERITE, à Leslie.

Mon tuteur, laissez-moi!...

RISCHENBACH, suivi d'une bonne, qui pose des fleurs sur la console du fond.

Vois, Marguerite, regarde donc! Vois ces fleurs du pays, et dis-moi si une seule de celles que tu aimes a été oubliée?

MARGUERITE.

Oh! qu'elles sont jolies! Que je vous suis reconnaissante!

RISCHENBACH.

Elles te font plaisir! Alors, c'est moi qui suis heureux. Mais mon cadeau n'est pas fait encore. (Tirant un écrin de sa poche et le présentant ouvert à Marguerite.) Tiens, enfant, porte ces diamants et pare-les de cet éclat de jeunesse que leur valeur ne saurait leur donner.

MARGUERITE.

Oh! comment avez-vous pu faire pareille folie! Pourquoi ne vous êtes-vous pas contenté des fleurs? Est-ce que j'oserai jamais porter de tels bijoux!

RISCHENBACH.

Rien, rien n'est trop beau pour toi, je voudrais...

Il s'arrête soudain. Marguerite a posé son écrin sur la table pour attacher à son cou le médaillon offert par Georges. Elle se retourne et pâlit sous le regard consterné de son tuteur, qui a suivi tous ses mouvements.

MARGUERITE, se détournant avec embarras.

Madame Dor, venez m'aider à ma toilette. Il faut m'habiller pour dîner.

Elle se dirige vers la porte de droite. Madame Dor la précède. Leslie veut les accompagner. Marguerite lui désigne du regard Rischenbach, qui les observe, et sort avec madame Dor.

SCÈNE V

RISCHENBACH, GEORGES.

RISCHENBACH, à part.

Mon avenir compromis, mon honneur sacrifié... voici la récompense! (Jetant un regard haineux aux diamants dans l'écrin ouvert.) Que votre beauté et votre éclat soient maudits!... ils me perdent à jamais.

Il jette l'écrin sur le bureau à gauche.

GEORGES, venant à lui les mains tendues.

Cher ami, je viens à vous les mains tendues et le cœur ouvert; j'ai à vous demander... (Remarquant l'attitude de Rischenbach, qui ne prend pas ses mains.) Qu'y a-t-il?... Ai-je fait quelque chose qui vous ait déplu?

RISCHENBACH.

Vous! me déplaire! est-ce possible!... non! Je ne suis pas tout à fait moi-même aujourd'hui... N'y faites pas attention... Asseyez-vous... Vous avez quelque chose à me demander, dites-vous?... Question d'affaires, sans doute?

GEORGES.

Question bien autrement intéressante, vraiment!

RISCHENBACH.

Intéressante!

GEORGES.

Vous me semblez mal à l'aise... Je crains que vous ne soyez pas en état.

RISCHENBACH.

Moi! mais je me sens très-bien. Allons donc!

GEORGES.

Mon ami, vous avez dû remarquer mon ardente admiration pour votre charmante pupille?

RISCHENBACH.

Non, je ne l'ai pas remarquée.

GEORGES.

Cette admiration s'est convertie en un sentiment plus profond et plus tendre.

RISCHENBACH.

Amitié, j'espère!

3

GEORGES.

Amour! amour invincible, Karl, et je viens vous demander
sa main.

RISCHENBACH.

Vous osez me demander?...

GEORGES.

Qu'est-ce encore? Pourquoi ces façons étranges? Voyez-vous
quelque empêchement à notre union?

RISCHENBACH.

J'y vois un empêchement invincible *aussi.*

GEORGES.

Et lequel, je vous prie?

RISCHENBACH.

Mon Dieu! cette enfant est la fille d'un paysan, vous êtes,
vous, fils d'un gentilhomme...

GEORGES.

Moi?...

RISCHENBACH.

Vous le dites, du moins; il y a donc différence de caste.
Dans ce pays de préjugés, un tel mariage est impossible,
monsieur Leslie!

GEORGES.

Monsieur, — puisque monsieur il y a, — je crois connaître les mœurs et les sentiments de nos compatriotes mieux
que vous ne sauriez le faire, et je sais par avance, que ma
femme elle-même servirait d'excuse à la plus haute alliance.
Quoi qu'il en soit, nous n'en sommes point là! Je ne suis qu'un
simple commerçant, un marchand de vins, ainsi qu'il vous a
plu souvent de me nommer... et la seule objection qui vous
soit possible serait celle de ma fortune. Quoique la mort de
mon pauvre père n'ait jamais été légalement constatée, le bien
de ma mère m'a créé, dès ma majorité, une position indépendante. Je ne suis pas aussi riche que vous le croyez peut-être,
mais j'ai dans le présent, quelque trente mille francs de rentes,
pour compter en votre monnaie, et j'ai l'espoir presque certain de doubler promptement mon revenu. Vous ne trouverez
pas d'obstacles de ce côté, je présume?.

RISCHENBACH.

Un très-grand obstacle, au contraire,

GEORGES.

Lequel?

RISCHENBACH.

Vous n'êtes pas assez riche.

GEORGES.

Quoi! trente mille francs de rentes!...

RISCHENBACH.

Trop pour une épouse anglaise née dans votre monde pas

assez, pas assez de moitié pour une étrangère qui devra lutter contre un préjugé que vous niez, mais que je connais. Voyons, répondez franchement. Trente mille francs de rentes permettront-ils à votre femme d'habiter un hôtel dans le quartier élégant?... d'avoir intendant dans l'office, laquais à sa porte et chevaux dans ses écuries, oui ou non?

GEORGES, à part, se levant, jette avec colère le papier qu'il tourmente et qui enveloppait son écrin.

Il lève le masque, enfin! L'intérêt seul le guide! il veut s'approprier la petite fortune de Marguerite. (Haut, à Rischenbach qui le suit des yeux et se détourne dès que Georges le regarde.) Ainsi, vous ne verriez plus d'empêchement à mon mariage avec Marguerite si j'avais soixante mille livres de rentes?

RISCHENBACH, avec un sourire ironique.

Les avez-vous?

GEORGES.

Je les aurai.

RISCHENBACH.

Attendons!

GEORGES.

Je me soumettrai à la volonté de mademoiselle Marguerite.

RISCHENBACH.

Vous n'oseriez pas assurément lui confier vos prétentions?

GEORGES.

Je lui ai tout dit.

RISCHENBACH.

Quoi? Sans mon aveu? Sans m'avoir avant tout... M. Leslie, quelle conduite est-ce là? D'homme d'honneur à homme d'honneur, comment prétendez-vous la justifier?

GEORGES.

Par l'assurance que mademoiselle Marguerite m'a donnée de son amour!

RISCHENBACH.

Elle vous aime! Nous allons bien voir. (Il s'élance vers la porte de droite, l'ouvre d'un coup de poing et appelle.) Marguerite! Marguerite!

SCÈNE VI

LES MÊMES, MARGUERITE.

Marguerite paraît, vêtue d'une robe blanche, avec un simple bouquet au corsage.

RISCHENBACH.

Oh! qu'elle est adorable ainsi!

MARGUERITE, les observant avec inquiétude.
Vous m'appelez, mon ami.

RISCHENBACH.
Oui, oui, j'ai à te parler de monsieur... pour monsieur, devrais-je dire?

MARGUERITE, baissant les yeux.
A moi?

RISCHENBACH.
Oui, Marguerite, monsieur Leslie affirme...

La voix lui manque.

MARGUERITE.
Vous pâlissez! Seriez-vous souffrant?

RISCHENBACH, avec un mouvement de rage.
Elle me prend en pitié!...

MARGUERITE.
Vous ai-je blessé?

RISCHENBACH, avec élan.
Au cœur, Marguerite, au cœur!

MARGUERITE.
Moi?

RISCHENBACH.
Non, non, ne m'écoute pas, je suis fou... Je voulais dire... mais nous oublions M. Leslie... Marguerite, il prétend que tu l'aimes; c'est faux, n'est-ce pas?

GEORGES.
Monsieur!...

MARGUERITE, arrêtant Georges d'un geste.
C'est vrai!

Rischenbach chancelle et porte la main à son. cœur en s'appuyant à la table.

MARGUERITE, s'élançant vers lui.
Mon Dieu!

GEORGES, à Rischenbach.
Êtes-vous satisfait?

RISCHENBACH, saisissant la main que Marguerite a posée sur sa poitrine.
Attendez! (Fixant ses yeux sur ceux de la jeune fille.) Attendez un peu.

MARGUERITE, reculant sous son regard.
Il me fait peur!

RISCHENBACH, à Georges, mais sans détourner ses yeux de Marguerite.
Un mot, un seul mot encore... (A Marguerite.) Marguerite, tu me reconnais bien pour ton tuteur, n'est-ce pas?

MARGUERITE, tremblant sous son regard et sans lever les yeux sur Georges.
Oui.

RISCHENBACH.

Tu sais que si jamais M. Leslie t'épouse... il faut que j'y consente?

GEORGES.

Mais...

MARGUERITE, lui coupant la parole.

Oui!

RISCHENBACH.

Si je te prie d'attendre.. quelle que soit l'insistance de M. Leslie (Avec tendresse.), tu attendras mon heure? (Marguerite fait machinalement un mouvement vers Georges. Rischenbach reprend avec autorité.) Vous attendrez mon heure?

MARGUERITE, s'inclinant sous sa volonté.

Oui.

RISCHENBACH, se retournant vers Georges, avec un mouvement de triomphe.

Êtes-vous satisfait?

GEORGES.

Parfaitement!... Vous l'avez entendu? elle m'aime. Le seul obstacle que vous m'opposez est ma fortune... vous trouvez que 30,000 francs de rentes ne suffisent pas?

RISCHENBACH.

Pas de moitié.

GEORGES.

Soit! je vous prends au mot, monsieur. Dans un an, j'aurai doublé la somme.

RISCHENBACH.

Doublez-la...

GEORGES, à Marguerite.

Vous m'attendrez, n'est-ce pas, Marguerite?

MARGUERITE.

Je vous attendrai, Geor... (S'arrêtant sous le regard de Rischenbach) J'attendrai, monsieur Leslie.

GEORGES, se dirigeant vers la porte du fond.

Merci, Marguerite, dans un an, nous serons unis.

MARGUERITE, inquiète de le voir s'éloigner, s'élançant vers lui.

Georges!...

RISCHENBACH, la saisissant par le bras.

Marguerite!

GEORGES, revenant sur ses pas.

Vous lui avez fait peur.

RISCHENBACH, ne se contenant plus.

Ah! monsieur Leslie, elle n'est pas encore votre femme!

Il lui montre la porte du doigt. Marguerite jette un regard suppliant Georges qui se contient.

Cinquième Tableau

petit salon précédant la chambre à coucher de Richard May.

SCÈNE PREMIÈRE

RICHARD MAY, UN NOTAIE , SARAH, SAM

LE NOTAIRE, tenant un testament à la main.

Sam Spark et vous Sarah Robson, vous êtes prêts tous deux à affirmer que ce testament, dont, comme témoins, vous venez d'entendre lecture, est l'expression de la volonté du testateur librement exprimée?

RICHARD.

Oui, monsieur, telle est ma volonté ; n'est-il pas vrai? ami Sam.

SAM.

Moi! jeune patron, tout ce que vous voudrez. Seulement, j'ai à dire que rien de tout cela ne serait arrivé, si on n'eût pas changé le nom de la vieille maison.

RICHARD, secouant la tête tristement.

Le nom de la vieille maison changera bientôt encore, mon pauvre Sam.

SARAH.

Ah! monsieur, que dites-vous là?

RICHARD.

Sarah! tu m'as enveloppé de langes lorsque je partais en nourrice, tu m'habilleras bientôt pour un plus long voyage. Le nom de l'habit sera changé, voilà tout.

SARAH.

Quelles idées! à votre âge!

RICHARD.

Tu n'as pas répondu à la question de monsieur le notaire. Affirmes-tu que ce testament est l'expression de ma volonté?

SARAH.

Il le faut bien, mais rentrez, au nom du ciel, rentrez dans votre chambre. En l'absence du médecin, c'est moi qui réponds de vous.

RICHARD, au notaire.

Est-ce prêt à signer, monsieur?

LE NOTAIRE.

Cette dernière clause à copier, et je suis à vous, monsieur.

RICHARD.

Et tout sera en règle, et je pourrai mourir tranquille?

SARAH.

Ah! mourir!

RICHARD, lui souriant et la repoussant doucement.

Chut! n'interrompez pas monsieur le notaire!

Il cause bas avec le notaire qui copie la dernière clause.

SAM, s'approchant de Sarah.

Essuyez vos yeux, mamzelle; de vous voir pleurer, ça me fait éclater le cœur, comme une bouteille trop pleine.

SARAH.

N'est-ce pas une pitié, monsieur Sam, de voir un garçon de son âge, ainsi changé dans l'espace de quelques jours?

SAM, se recueillant et cherchant ses phrases.

Puisqu'on change tout ici, mademoiselle, que moi-même, je ne me reconnais plus. Je me sens comme au printemps quand la vigne est en fleur, que le vin fermente dans les cuves, et bien des choses arrivent qu'on n'aurait jamais soupçonnées.

SARAH.

Quelles choses, monsieur Sam?

SAM, cherchant ses idées.

Avez-vous jamais vu une barrique de porto arrivant dans les docks?

SARAH.

Non, monsieur Sam, jamais.

SAM, parlant d'abondance avec enthousiasme.

Rien n'est plus beau. Il est là le vieux porto, ses vapeurs sont enfermées dans une double chemise de bois cerclée de fer. La doloire du tonnelier a fait leur toilette aux cercles qui se sont recourbés comme par enchantement. Elle montre ses douves joyeusement rebondies, la jeune barrique contenant le vieux vin, elle défie l'œil du connaisseur de lui trouver rien qui cloche, et je vous le dis, mademoiselle, moi, qui vous parle, jamais pendant trente-cinq années, je n'avais rien trouvé d'aussi réussi qu'une barrique de chêne sans défauts.

SARAH.

Eh bien? monsieur Sam.

SAM.

Eh bien! aujourd'hui, je suis comme le jeune patron Richard, d'autres idées ont germé dans ma tête; Sam Spark sent fermenter en lui des vapeurs qui ne sont pas celles du porto, et à cette heure, qu'elles me montent, qu'elles me poussent, je vais vous dire...

LE NOTAIRE.

Nous attendons vos signatures.

RICHARD.

A toi, Sarah.

Sarah quitte Sam et se dirige vers le bureau.

SAM, découragé.

J'étais si bien parti. Jamais je ne retrouverai ça. Voyons, qu'est-ce que j'allais dire? (Parlant avec enthousiasme à une Sarah imaginaire devant lui.) Depuis que je vous ai vue, mademoiselle, je ne suis plus maître de moi-même, et je ne peux pas gerber une pièce de vin sans voir vos petits pieds danser entre les cercles. — Faut que je répète ça pour m'en souvenir... « Mademoiselle, les cercles de vos petits pieds, en entrant dans mon cœur... »

SARAH, lui touchant l'épaule.

A vous, monsieur Sam.

SAM.

Hein?...

RICHARD.

Ta signature?

SAM.

Je l'ai perdue.

SARAH.

Quoi?

SAM.

Rien, mademoiselle, mais je tâcherai de la retrouver.

SARAH.

Ce ne sera pas difficile.

RICHARD.

Viens-tu?

SAM.

Voilà, patron. (A part.) Ah! si c'était notre contrat, je ne me le serais pas fait dire deux fois.

Il signe.

LE NOTAIRE.

Merci, vous pouvez vous retirer maintenant.

SAM, tournant autour de Sarah pour gagner la porte.

Est-elle réussi! est-elle d'aplomb! Je crois que j'oserai...

Il sort.

SCÈNE II

RICHARD, SARAH, LE NOTAIRE.

RICHARD.

Sarah!... quelque chose m'est arrivé, il y a un jour ou deux... Me suis-je trouvé mal, ou était-ce une attaque?

SARAH.

Monsieur!...

RICHARD.

Dis-le moi, j'ai besoin de le savoir.

SARAH.

C'était une attaque... monsieur.

RICHARD.

Et, avant que cela m'arrivât, j'avais comme des éblouissements, n'est-ce pas?

SARAH.

Monsieur, je vous en prie...

RICHARD.

Cela va me prendre, je le sens. Il y a quelqu'un que j'ai besoin de voir, quelqu'un qu'il faut que je voie aujourd'hui, à l'instant.

SARAH.

Non, pas aujourd'hui, monsieur, attendez que vous soyez mieux portant.

RICHARD, à part.

Mieux portant! mes instants sont comptés! (Haut.) Où est Georges?

SARAH.

Chez M. Rischenbach.

RICHARD.

Chez Rischenbach! Tant mieux. Cher et bon Georges! Cette charmante fille qu'il aime... Ah! pourvu qu'il me reste encore assez de force pour voir ses vœux accomplis, pour être témoin de son bonheur. (Au notaire.) Monsieur le notaire, puisque vous êtes son voisin, voulez-vous prier M. Rischenbach et dire à M. Georges Leslie de venir me trouver?

LE NOTAIRE.

De grand cœur, monsieur. Ces messieurs ne sont-ils pas vos exécuteurs testamentaires?

RICHARD.

Qu'ils viennent sans retard... Je n'ai plus le temps d'attendre.

LE NOTAIRE.

Dans un quart d'heure, je suis chez M. Rischenbach.

RICHARD.

Merci, monsieur. (Le notaire sort.) Rischenbach! c'est celui-là surtout qu'il me faut.

SCÈNE III

SARAH, RICHARD.

SARAH.

Monsieur Richard, j'ai fait tout ce que vous avez voulu,

3.

j'ai respecté vos moindres volontés, j'ai même obéi à tous vos
caprices. En revanche, me refuserez-vous une chose, vous?

RICHARD.

Laquelle, Sarah?

SARAH.

Rentrez dans votre chambre, essayez de reposer un peu;
vous me ferez sérieusement gronder par le docteur. _

RICHARD.

Le docteur! je le lui conseille! c'est lui qui aggrave ma maladie, lui qui hâte ma fin...

SARAH.

Ah! monsieur Richard, pouvez-vous dire! lui, si bon, si
attentif.

RICHARD.

Je te dis que c'est lui qui ajourne les recherches, qui en-
trave la route, qui repousse tous les renseignements sur le
véritable héritier; sans lui, je l'eusse déjà trouvé! Mais, ton
docteur! il se méfie des gens, il soupçonne le premier que je
désigne, il accuse sans raison. Aussi, ai-je voulu consacrer
par un acte authentique, mes dernières volontés. Moi parti, il
faudra bien qu'on les respecte, qu'on m'obéisse enfin! Tu
vois bien que le docteur est cause de tout cela; il ne m'a pas
compris. Il a cru que le temps me ferait oublier mon devoir,
et je meurs, au contraire, de n'avoir pu l'accomplir. Chaque
jour ajoute à l'injustice commise; chaque jour me rend plus
coupable envers l'homme dont je détiens sans droits le nom et
la fortune. (Presque à lui-même) Et le sentir là, près de soi, savoir
qu'un renseignement adroitement obtenu, une seule parole
franchement dite... Et personne qui vous aide!... (A Sarah.)
C'est bien en Suisse, n'est-ce pas? que l'enfant fut conduit?

SARAH.

On l'affirme, monsieur Richard.

RICHARD.

Et la femme qui l'adopta s'appelait Miller?

SARAH.

Madame veuve Miller.

RICHARD.

Bien! (Désignant la porte d'entrée.) Vois qui nous arrive. Est-ce
Georges? Est-ce M. Rischenbach?

SARAH.

Je vais voir, monsieur.

Elle sort un instant.

SCÈNE IV

RICHARD, seul.

Rischenbach est de mon âge, il n'est pas certain que ses parents soient ses parents, c'est assurément là qu'est le mot de l'énigme. Rischenbach est assurément le fils de la femme adorée que j'ai crue ma mère. Aujourd'hui même, je le saurai. Georges ne partage pas l'antipathie du docteur pour Rischenbach, Georges aime sa pupille, Georges m'aidera, lui, et quand je les aurai, là, tous les deux, sans témoins...

SCÈNE V

RICHARD, SARAH, puis LE DOCTEUR PAYNE.

SARAH, entrant.

Le docteur!...

RICHARD, impatienté.

Toujours lui! quel contre-temps!

LE DOCTEUR.

Comment! debout, malgré mes recommandations. Ah! morbleu, c'est trop fort!

RICHARD.

Pardonnez-moi, docteur, des affaires urgentes...

LE DOCTEUR.

Eh! monsieur, qu'y a-t-il donc de plus urgent que la santé!

RICHARD, souriant tristement.

Ah! docteur, pouvez-vous bien encore me parler de santé?

LE DOCTEUR.

Rien n'est encore perdu, monsieur, si vous voulez bien suivre mes prescriptions. Et pour commencer, rentrez au plus vite. Tout à l'heure nous aviserons à ce qu'il y aura à faire.

SARAH, offrant son bras à Richard.

Allons, monsieur...

LE DOCTEUR.

Vous reviendrez, Sarah! nous avons à causer.

SARAH.

Oui, docteur. (A Richard.) Appuyez-vous sur moi, prenez mon bras, Richard, monsieur Richard, veux-je dire.

RICHARD, prenant le bras de Sarah.

Ah! tu avais bien dit, chère fille. Cela me rappelle un temps! Oh! que ce temps-là est loin. Je vois dans mon souvenir, comme si je l'avais là, devant mes yeux, le jardin de l'hôpital. Quand j'étais enfant, tu m'y promenais un jour que j'étais malade comme je le suis aujourd'hui. C'était une matinée de printemps, par un beau soleil de mai; les oiseaux gazouillaient sur nos têtes; il y avait dans l'air, je ne sais quelles senteurs parfumées qui montaient à mon cerveau malade, et je me sentais comme enivré, et je fermais les yeux en m'appuyant à ton bras : t'en souviens-tu? Sarah... Comme dit Rischenbach...

LE DOCTEUR, à part, avec colère.

Toujours le nom de ce drôle!...

RICHARD.

Le monde est si petit, si petit que les mêmes gens se croisent et se heurtent sans cesse sans pouvoir s'éviter. Oh! que c'est vrai! Après de longues années, nous voici une fois encore réunis, et il me semble, en nous voyant là, tous deux, en m'appuyant à ton bras comme autrefois, il me semble que tout ce qui s'est passé n'est qu'un rêve, que j'ai fait un tour en dehors du monde de l'hospice, et qu'à ton bras, bonne Sarah, je vais rentrer à l'asile des orphelins pour y mourir !

Il appuie sa tête sur l'épaule de Sarah et rentre lentement avec elle dans le fond.

SCÈNE VI

LE DOCTEUR, seul, les regardant s'éloigner.

Eh bien! eh bien!... qu'est-ce que cela? (S'essuyant les yeux.) Une larme!... une larme à l'œil du docteur Payne!... Qu'en penserait le corps des chirurgiens. (Reniflant brusquement une prise de tabac.) Renfonçons cela, et tirons au plus vite notre scalpel pour disséquer la situation. Voyons, que s'est-il passé en mon absence?... le bureau ouvert!... un brouillon de testament !... je gage que ce pauvre fou m'aura éloigné pour faire quelque sottise.

Il referme violemment le bureau, au moment où Sarah rentre en scène.

SCÈNE VII

LE DOCTEUR, SARAH.

SARAH.

Qu'avez-vous, docteur ?

LE DOCTEUR.

Je suis furieux, je suis exaspéré, je suis hors de moi !

SARAH.

Pourquoi ?

LE DOCTEUR.

Pourquoi ? vous me le demandez ? Comment ! voilà un malade auquel je prodigue tous mes soins, et quand je le crois chaudement couché, je le trouve ici causant de choses et d'autres comme s'il n'avait rien de mieux à faire. Sarah, voulez-vous que je vous dise ? on prétend quelquefois que ce sont les médecins qui tuent les malades, moi je soutiens que ce sont les malades qui tuent les médecins. (S'essuyant le front.) Voyez, je suis tout en nage, je suis capable d'en attraper une pleurésie.

SARAH.

Ah ! docteur !...

LE DOCTEUR.

Mais enfin, quelles sont ces affaires urgentes qui ont forcé monsieur Richard à quitter son lit ?

SARAH.

Toujours la même chose, docteur. Il dit que c'est vous qui avez arrêté, empêché par vos négligences, l'enquête qu'il voulait poursuivre, alors qu'il avait encore la santé et la force de les mener à bonne fin.

LE DOCTEUR.

Moi ! ! ! je l'ai empêché !... dites que je l'ai empêché de faire la plus insigne des folies. Voilà un singulier malade, et comme je n'en ai jamais traité ! sa maladie consiste à avoir la passion de se faire escroquer par le premier va-nu-pieds qui voudra tromper sa bonne foi : (A part.) monsieur Rischenbach, par exemple. (Haut.) Quel remède puis-je appliquer à cela ? qu'il aille à Bedlam, je ne traite pas les aliénés !

SARAH.

Mon dieu, docteur, vous pouvez le tranquilliser, dire comme lui, flatter sa manie. Qu'est-ce que cela vous fait ? si vous saviez comme le pauvre homme est tourmenté, monsieur Payne.

LE DOCTEUR.

Et qu'a-t-il fait en mon absence ? j'ai trouvé, tout à l'heure, le bureau ouvert... Est-ce que ?...

SARAH.

Il a envoyé chercher un notaire auquel il a dicté son testament, en présence de deux témoins, Sam et moi.

LE DOCTEUR, marchant sur elle les poings fermés.

Là, j'en étais sûr !...

SARAH, reculant.

Docteur !...

LE DOCTEUR.

Et naturellement, dans ce testament, il a donné toute sa
fortune à l'homme perdu, à ce Richard May problématique
que nous ne verrons probablement jamais.

SARAH.

Oui, monsieur.

LE DOCTEUR.

Très-bien; ensuite?...

Rischenbach paraît sur le seuil de la porte.

SARAH.

Ensuite, il a prié le notaire de lui amener au plus vite son
associé, monsieur George Leslie, et cet étranger, monsieur
Rischenbach.

LE DOCTEUR.

Monsieur Rischenbach! ah! par exemple, si jamais je laisse
celui-là arriver jusqu'à lui... je veux bien...

SCÈNE VIII

Les Mêmes, RISCHENBACH.

RISCHENBACH.

Je suis là, docteur, ménagez-moi.

LE DOCTEUR.

Vous! vous, ici!

RISCHENBACH.

Qu'y trouvez-vous d'étonnant? L'ami Richard m'a fait demander et je me rends à ses ordres.

LE DOCTEUR, à part.

Si celui-là n'est pas le diable en personne, il est assurément de sa famille.

RISCHENBACH.

Il désirait que monsieur Les... Georges veux je dire, m'ac-
compagnât; malheureusement Georges avait quitté la maison
quelques minutes avant l'arrivée de l'envoyé.

LE DOCTEUR, vivement.

Monsieur Richard est trop malade pour que vous puissiez le
voir.

RISCHENBACH, avec une certaine hauteur.

Docteur, je ne suis venu ici que sur la demande de Richard,
et vous trouverez bon que je prenne son avis à ce sujet.

LE DOCTEUR.

Monsieur !...

RISCHENBACH.

Pardon, docteur, je suis en parfaite santé, moi, et l'inter-
vention du médecin m'est absolument inutile.

LE DOCTEUR.

Pardieu, les bons s'en vont...

RISCHENBACH.

Les... autres restent, c'est un proverbe de mon pays que vous débitez-là, docteur. (A Sarah.) Voulez-vous m'annoncer à monsieur May ?

SARAH.

A l'instant, monsieur.

LE DOCTEUR.

Du tout, monsieur, c'est moi qui vous introduirai. Le malade appartient quelque peu à son médecin.

RISCHENBACH, souriant.

Hélas !

LE DOCTEUR.

Riez à votre aise, monsieur, cette entrevue aura lieu en ma présence.

Ils entrent tous les deux dans la chambre de Richard.

SCÈNE. IX

SARAH, seule, roulant en dehors le fauteuil qui est en scène.

Que va-t-il se passer ?

Changement à vu .

Sixième Tableau

Les caves du marchand de vins. On aperçoit les voûtes des caves qui se perdent dans le lointain, et conduisent à d'autres caveaux. Une arche sur la plate-forme à droite, avec des marches qui descendent au second plan. Fenêtre grillée. La lumière électrique traverse cette fenêtre. Des fongus à tête rouge (Ce sont des excroissances, des sortes de champignons formés par la vapeur du porto et qui figurent assez bien de hideuses cristallisations.) pendent à la voûte de la cave. Un baril est au milieu, avec un bâton fendu, contenant une chandelle allumée.

SCÈNE PREMIÈRE

SAM, GEORGES.

Au lever du rideau, Sam, armé d'un rat-de-cave, d'une verge à mesurer et d'un livre à compter, est en train de faire l'inventaire du caveau. Georges Leslie entre par une des arches à droite, et descend par l'escalier jusqu'à sa dernière marche.

GEORGES, regardant derrière lui.

Je n'ai pas eu le courage de rentrer. Il y a un va-et-vient dans la maison qui n'annonce rien de bon. Ah ! quand le malheur vous arrive ! Mon pauvre Richard aura eu quelque nouvelle crise et tout le monde s'empresse autour de lui, — et je n'ose, moi, son meilleur ami, son frère, lui apporter ma part de soins. C'est que je lui apporterais en même temps ma part de douleurs et que le moindre choc doit lui être épargné, dans son triste état de santé. Pauvre ami ! mon désespoir le frapperait au cœur. Bonne et honnête nature qui se méconnaît elle-même et ne vit que par le bonheur d'autrui ! Allons, tâchons de chasser ce déplorable découragement et d'effacer de mon front l'insulte qu'y a imprimée le refus insolent de Rischenbach. Ne songeons qu'à doubler cette fortune qui doit m'assurer la main de Marguerite. Cachons surtout mes chagrins à Richard, ce serait lui donner le coup de grâce. (A Sam, qui vient des caves.) Ah ! te voilà, vieux rat !

SAM.

C'est bien plutôt à moi de vous dire : Ah ! vous voilà, jeune patron ! Ce n'est pas merveille de me trouver au milieu des tonneaux, sondant les vins, appréciant leur travail, tenant fidèlement en compte ce qu'il en reste dans les fûts. Mais c'est chose rare de trouver un patron quelconque dans mon trou, depuis la mort de Parkins neveux.

GEORGES.

Tu les regrettes donc toujours?

SAM.

M'est avis, jeune patron, qu'il faut toujours regretter les honnêtes gens, c'est chose rare aussi.

GEORGES.

Alors, j'espère que tu nous regretteras à notre tour?

SAM.

Cela, maître Georges, ne serait pas dans l'ordre des choses, c'est moi que vous devriez avoir à regretter, car c'est moi qui devrais le premier tourner à l'aigre et être mis au rebut. Mais on change tout ici, peut-être bien avez-vous changé la loi de nature avec le reste.

GEORGES.

Voyons, ne gronde pas.

SAM.

Ce n'est pas moi qui gronde, c'est le vin qui fermente, et je vous le dis : en changeant le nom de l'enseigne, vous avez changé la chance de la maison.

GEORGES.

Préjugés, sottises que tout cela!

SAM.

Préjugés est bientôt dit et sottises s'ensuit naturellement, mais je n'ai pas croupi pendant trente-cinq années de ma vie dans ces caves, sans savoir ce qui se passe dans le monde.

GEORGES.

Oh! oh! et comment cela? je demande le mot du rébus?

SAM.

D'ici, je jauge le monde. Voyez ces voûtes, elle me parlent, ces longues rangées de tonneaux ont un langage pour moi ; les vapeurs qui s'en échappent me racontent les bruits de là-haut. Quand les meetings turbulents brisent les grilles de Hyde-Park, il faut donner de l'air au vieux porto, et lever la bonde si l'on ne veut pas que la futaille éclate ; quand le vin chante dans la bouteille, l'année sera joyeuse et fleurie, quand il siffle en s'échappant du fût : sinistres en mer ; quand il mugit en tournant dans l'entonnoir : guerre, disette, famine! Ne riez pas, patron Georges, c'est comme ça.

GEORGES, qui a pris la règle à mesurer les vins et tourmente les excroissances de la voûte.

Est-ce que ces glutineuses excroissances ont quelque chose à voir dans tes divinations, maître Sam ?

SAM.

Assurément, monsieur, et nous avons nos légendes sur ce

que vous nommez de je ne sais quel nom barbare et que j'appelle, moi, comme tout bon Anglais : des fongus.

GEORGES, remuant toujours les fongus.

Ah! oui, nos caves sont renommées pour leurs fongus, n'est-il pas vrai?

SAM.

Elles le sont, monsieur Georges, et si vous m'en croyez vous ne les tourmenterez pas ainsi.

GEORGES.

Et pour quelle raison, s'il te plaît?

SAM.

Pour trois raisons, s'il vous plaît.

GEORGES.

Oh! oh! trois... comme les sorcières de Macbeth... Première raison pour ne pas... tourmenter tes fongus?

SAM.

D'abord, parce qu'ils se forment des vapeurs du porto et que je ne vous conseille pas d'en essayer l'absorption.

GEORGES, continuant à faire mouvoir les fongus.

Deuxième raison?

SAM.

Ensuite, parce qu'au premier degré de leur croissance, ils sont remplis de vers et... vous pourriez très-bien en faire tomber sur vous.

GEORGES, se reculant et désignant des fongus du bout de sa règle.

Ce sont des vers, ceux-ci?...

SAM, élevant sa chandelle et regardant.

Non, pas ceux-là, jeune patron. Ceux-là ont passé sur la couche des vers. (Georges remue de nouveau les fongus.) Mais laissez-les donc tranquilles, jeune patron.

GEORGES.

Pourquoi?

SAM.

Pour la troisième raison que je ne vous ai pas encore dite.

GEORGES.

Troisième raison?

SAM, mystérieux.

C'est la légende des caves.

GEORGES.

Voyons la légende?

SAM.

D'abord, regardez la couleur.

GEORGES.

Je regarde.

SAM.

Est-ce que cela ne ressemble pas au sang caillé?

GEORGES.

Oui, assez.

SAM.

Plus qu'assez, monsieur.

GEORGES.

Dis beaucoup, dis tout à fait; mais continue.

SAM.

Monsieur Georges, on dit...

GEORGES.

Qui ?... on...

SAM.

« On.» pardieu! l'inconnu qui connaît tout, celui qui dit
tout ce qui se passe et même ce qui ne se passe pas. Qui?
est-ce que je sais, moi! Comment lui donnerais-je un nom,
si vous ne le pouvez pas ?

GEORGES.

Très-profond! Continue.

En ce moment, Rischenbach paraît à l'entrée des caves, au haut des marches qu'il descend lentement. Il s'avance peu à peu sans que Sam ni
Georges le voient.

SAM, lentement et sentencieusement.

On dit donc, monsieur Georges, que l'homme qui reçoit par
accident l'un de ces fongus sur la poitrine... .

GEORGES, répétant les paroles de Sam sur le même ton, et mystérieux.

Sur la poitrine...

SAM, toujours sentencieux.

Sera, pour sûr et certain...

GEORGES, de même.

Pour sûr et certain...

SAM.

Assassiné dans l'année. (Soudainement, avec un cri d'horreur.)
Dieu du ciel! vous en avez un morceau sur vous.

GEORGES.

Sur moi? oui vraiment, le voilà par terre.

Il fait un pas en avant.

SAM, levant sa chandelle et faisant voir une large tache rouge sur le
gilet de Georges.

Et la tache sur la poitrine, rouge comme du sang.

SCÈNE II

Les Mêmes, RISCHENBACH.

RISCHENBACH.

Georges !

GEORGES.

Que me voulez-vous?

RISCHENBACH.

Je viens remplir une triste mission. Vous avez plus que jamais besoin d'un ami, et je vous offre mon dévouement. Je regrette vivement la manière brutale dont j'ai repoussé ce matin votre demande. (Lui tendant la main.) Georges, je vous demande pardon.

GEORGES.

Je vous pardonne.

RISCHENBACH.

Ne me donnerez-vous pas la main?

GEORGES, lui donnant la main.

Si vous voulez. Ah!

Il retire aussitôt sa main.

RISCHENBACH.

Qu'avez-vous?

GEORGES.

Votre main est glacée.

RISCHENBACH.

A main glacée, cœur ardent, Georges. Il y a une triste cause aux paroles que je viens de prononcer, et qui nous font amis de nouveau.

GEORGES.

Quelle cause?

RISCHENBACH.

Je suis messager de malheur.

SAM, à part.

Les vapeurs le disaient.

GEORGES, cherchant d'abord, puis poussant un cri de divination.

Il s'agit de Richard!

RISCHENBACH.

Il s'agit de Richard.

GEORGES.

Est-il plus mal? Qu'est-il arrivé? N'y a-t-il plus d'espoir?

RISCHENBACH.

Aucun, maintenant.

GEORGES.

Maintenant? Il n'est pas...

RISCHENBACH, lui saisissant la main et l'attirant à lui.

Courage!

GEORGES.

Mort!

RISCHENBACH.

Mort!

GEORGES, se dégageant et allant à Sam, qu'il prend dans ses bras.

Ah! mon pauvre Richard! pauvre ami!.

SAM, pleurant avec lui.

Maître...

GEORGES.

Ah! Sam! qui m'eût dit tout à l'heure, que ta superstition deviendrait une vérité! (Montrant la tache sur sa poitrine.) Cette tache était en effet un présage de mort.

SAM, regardant Rsichenbach.

Je n'ai pas seulement dit mort, patron Georges, j'ai dit : assassinat.

Rischenbach, aperçoit la tache et s'arrête pour la toucher du doigt.

Sam fait passer Georges devant lui et se place entre les deux hommes.

ACTE TROISIÈME

Septième Tableau

Intérieur des bureaux du marchand de vins. Bureau à gauche. Coffre-fort au fond. Porte d'entrée derrière le bureau. A droite, haut pupitre au-dessus duquel est suspendu le portrait de « la dame voilée. » Des paniers et des caisses de vin sont épars sur la scène.

SCÈNE PREMIÈRE

GEORGES, SARAH.

Georges, habillé de deuil, est au bureau à gauche. Sarah est debout devant lui.

GEORGES, à Sarah.

Et sa dernière parole fut pour moi. Bon Richard !

SARAH.

Le dernier nom qu'il prononça fut le vôtre, monsieur Georges. Je ne sais quel pressentiment sinistre s'empara de moi à l'arrivée soudaine de monsieur Rischenbach. Je vous attendais tous deux et il vint seul, sardonique comme de coutume, avec cet étrange sourire que vous lui connaissez. Le docteur était là et voulut l'accompagner auprès de ce bon monsieur Richard, comme vous l'appelez, de mon pauvre petit Richard comme l'appelait et l'apellera toujours mon cœur. Ce pressentiment me fit commettre une vilaine action, monsieur, j'eus le désir d'épier et je me postai derrière la porte vitrée ; vous savez, monsieur Georges, juste en face du lit où gisait ce pauvre ami. Le docteur s'avança vers lui, mais il le repoussa du geste. Il voyait en lui un empêchement à l'accomplissement du devoir qu'il s'était imposé et qui l'a tué; ses yeux animés par la fièvre se fixaient brillants et magnétiques sur monsieur Rischenbach qu'il semblait attirer à lui. Le sourire sardonique de celui-ci disparut de ses lèvres comme effacé par une main mystérieuse. Il se découvrit involontairement et s'approcha lentement, le front courbé, la main tendue, vers le moribond qui le fascinait. Richard!... oh! laissez-moi l'appeler ainsi, Richard saisit cette main, se souleva par un suprême effort. Hélas! ce fut le dernier! Il y avait concentré

toutes ses forces... il tenta vainement de parler... la voix
s'éteignit dans sa gorge. Il tenait cependant, pressée dans la
sienne, la main de monsieur Rischenbach et promenait son regard inquiet du docteur à la porte. — Georges, où est Georges?
demanda-t-il. Le docteur s'élança vers lui, il le repoussa de
nouveau en attirant monsieur Rischenbach dans ses bras! Aimez-
le, dit-il, vous qui êtes... qui devez être... ce furent ses dernières paroles. Sa pauvre tête décolorée retomba lourdement
pour ne plus se relever.

GEORGES.

Et je n'étais pas là! Pauvre... pauvre ami! mon bien-aimé
frère!

SARAH.

Ce fut avec peine que monsieur Rischenbach put dégager sa
main de l'étreinte mortelle, et le docteur prit à son tour la
main abandonnée, mais tout était dit, monsieur George, la
bonne âme s'était envolée.

GEORGES.

Sa dernière pensée fut pour moi, pour mon bonheur. Oh!
je le vois, il voulait assurer mon mariage avec Marguerite. Il
voulait que Rischenbach et moi fussions amis.

SARAH.

C'est assurément ce que comprit monsieur Rischenbach, qui,
se retirant sur un geste du docteur, dit : « Tes derniers vœux
» seront exaucés, Richard, je te remplacerai auprès de Georges,
» je le suivrai pas à pas, et j'accepte la triste mission de lui
» annoncer ta mort. »

GEORGES.

Et il a religieusement tenu parole, Sarah, je n'ai pas eu,
depuis lors, de meilleur ami. (On frappe à la porte.) Qui est là ?

SCÈNE II

LES MÊMES, SAM.

SAM, passant sa tête par la porte entre-bâillée.

Moi, jeune patron.

GEORGES.

Entre et attends là un moment. (A Sarah.) Et ce papier que
je tiens est la copie du testament que toi et Sam avez signé
comme témoins?

SARAH, avec un soupir.

Oui, monsieur Georges.

SAM, même soupir.

Oui !

GEORGES.

Moi aussi, Richard, je jure· que ton dernier vœu sera exaucé, et que je trouverai, moi, l'homme que tu as cherché vainement pour lui restituer ta fortune, quand je devrais y dépenser toute la mienhe.

SAM, à part, se touchant le front.

Encore un jeune patron dont le toit n'est pas solide... lui faudrait six mois de cave.

GEORGES.

Eh bien? qu'y a-t-il, Sam?

SAM, lui tendant une lettre.

Une lettre de Suisse, monsieur Georges. Oh! la Suisse! on n'a plus que ça ici... L'héritier est Suisse, les amis sont Suisses, le champagne est Suisse. Pauvre patron! pauvres Anglais!... (Georges ouvre la lettre qu'il lit. Sam passe à Sarah, qui se dirige vers la porte à droite, au delà du pupître.) Êtes-vous un peu remise de votre douleur, mademoiselle?

SARAH.

Il faut se soumettre aux arrêts de la Providence, monsieur Sam, c'est l'un des grands enseignements de ce triste monde, et je tâcherai de m'y résigner.

Elle sort lentement, Sam la suit des yeux.

SCÈNE III

SAM, GEORGES.

SAM.

Admirable éloquence! (Avec conviction.) Ça ne ne s'est jamais dit. Je vais le répéter pour m'en souvenir: Il faut se soumettre à l'enseignement, monsieur Sam, c'est l'un des tristes arrêts de ce monde! Est ce assez réussi! est-ce d'aplomb!

GEORGES, rejetant la lettre avec colère.

Encore un déboire! une nouvelle perte d'argent! Au moment où la fortune m'est plus que jamais nécessaire pour atteindre mon double but!

SAM.

Quelque malchance encore, monsieur Georges?

GEORGE.

Malchance, en vérité, mon vieux rat: un déficit de cinq cents livres sterling.

SAM.

Ça ne m'étonne pas, rien ne m'étonne plus. Tout s'en va à mal. Je vous l'ai dit, M. Georges, la chance nous a tourné les talons, et faut avoir de crânes jambes pour la rattraper et la

faire revenir. Je ne veux pas me poser en prophète, mais si
vous voulez m'en croire... (Georges lève les épaules et passe au pupitre de droite pour comparer la lettre reçue avec la correspondance étrangère
inscrite au livre d'entrées.) Ah! vous ne vous en tirerez pas comme
ça, jeune patron ; il est aisé de lever les épaules et de repousser
les avis qui sont offerts gratis, mais il y a un nouveau malheur
dans la maison, et j'en veux ma part. Ouvrez-moi franchement votre cœur, maître Georges, et laissez-en sortir le chagrin qui vous arrive : j'en porterai la moitié! Vous ne voulez
pas ? non ? Eh bien, je vais vous dire ce que c'est, moi! Il
s'agit de cet infernal champagne suisse.

GEORGES.

Le diable emporte le champagne suisse !

SAM.

Le diable l'apporta, monsieur. Est-ce que du temps de
Parkins neveux, quand la chance marchait de pair avec nous,
pareille erreur arriva jamais? On vous fait un envoi de Champagne, vous en expédiez le montant. Deux mois après vous en
recevez facture, vous répondez qu'elle est payée, on vous ré-
crit que l'argent n'est point arrivé; vous récrivez que vous en
avez l'acquit et voilà une troisième lettre qui vous tombe
dessus, comme la troisième sorcière de Macbeth, citée par
vous... une lettre, je parie, remplie d'autant de mauvaises
nouvelles qu'un panier d'œufs est rempli de poulets. Voyons,
soyez franc, est-ce vrai ?

GEORGES.

Trop vrai... mais va-t-en, laisse-moi tranquille.

SAM.

Je m'en vais, patron, je vous laisse, mais pas tranquille ;
vous rappelant respectueusement ces nobles paroles tombées
des lèvres angéliques de mademoiselle Sarah : Il faut que
l'enseignement se soumette à nos arrêts, monsieur, c'est la
triste providence de ce monde... Sublime éloquence !

Il sort.

SCÈNE IV

GEORGES, seul.

Maudite lettre! c'est véritablement incroyable! (Lisant.)
« Monsieur, en l'absence de mon associé, présentement en
» tournée, je réponds à votre honorée du 25 courant. Le reçu
» dont vous nous envoyez copie ne peut-être qu'un faux, les
» 500 livres en question ne nous étant jamais parvenues, et
» nul reçu émanant de notre maison ne vous ayant, par con-
» séquent, été adressé; l'argent a dû être intercepté et volé

4

» dans son trajet de Londres à Neufchâtel. Les soupçons pla-
» nent sur un homme depuis longues années cependant à
» notre service, mais qu'un luxe récent et non justifié accuse
» singulièrement. Vous comprenez sans peine le motif qui
» nous fait laire son nom jusques à preuves convaincantes.
» Nous vous prions de nous faire parvenir sans retard l'origi-
» nal du reçu en votre possession, afin de le comparer avec
» l'autre que nous avons sur nos livres. Ne confiez pas ce reçu
» à la poste, c'est assurément par l'entremise de quelque infi-
» dèle messager que le vol a dû s'accomplir. Envoyez un
» homme de confiance, un second vous-même, mais de votre
» maison. Nulle personne du dehors, *fût-ce un ami.* — Vous
» comprendrez la nécessité de cette recommandation, lorsqu'il
» nous sera possible d'accuser directement le coupable. Le
» succès dépend de votre silence absolu et de l'exécution lit-
» térale de l'ultimatum ci-inclus. » (Fermant la lettre.) Ils sont
charmants, en vérité, ces bons messieurs. Où trouver un pareil homme de confiance ? Je n'ai personne dans les bureaux
que je puisse envoyer. (On frappe à la porte.) Entrez.

SAM, du dehors.

Il n'y est pas, monsieur.

RISCHENBACH, du dehors aussi.

Il vous a dit d'entrer.

Il pousse Sam en scène.

SCÈNE V

GEORGES, SAM, RISCHENBACH.

GEORGES.

Qu'y a-t-il encore ?

SAM.

Rien de bon, monsieur.

RISCHENBACH.

Plaît-il ?

SAM, sans lui répondre.

C'est l'étranger suisse qui force la consigne.

RISCHENBACH.

Étranger suisse ! Obtus ! est-ce que mon nom à prononcer
t'écorche les lèvres : Rischenbach.

SAM.

Riche-en-blague, oui, monsieur, je m'en souviendrai.

RISCHENBACH.

Imbécile !

Il va déposer son chapeau sur le casier au fond.

SAM, à part.

Pas si bête que tu crois, mon homme, et je te jauge à ma mesure, va !

GEORGES.

Vous m'excusez, n'est-ce pas, Karl, j'ai une sérieuse affaire en main, mais je serai à vous dans un instant, voilà le *Times* sur le bureau, et...

RISCHENBACH, prenant le journal et s'installant au bureau.

Faites donc, je vous prie, ne vous occupez pas de moi. (Tirant un porte-cigare) On peut fumer ?

GEORGES, retournant au bureau.

Pardieu ! Sam, du feu !

SAM, présentant une allumette enflammée à Rischenbach.

Il y a du soufre, ça doit le connaître. (Se retirant lentement tandis que Rischenbach allume son cigare.) Il s'est glissé comme ça dans les caves, le jour où le fongus tacha de sang la poitrine de monsieur Georges. Il se faufile encore aujourd'hui, que cette maudite lettre nous arrive de son damné pays. C'est un porte malheur que monsieur... Riche-en-blague.

Il sort en refermant la porte sur lui.

SCÈNE VI

GEORGES, RISCHENBACH.

RISCHENBACH.

Puis-je vous être bon à quelque chose ? M'est-il possible de vous aider ?

GEORGES.

Vous me trouvez dans un cruel embarras, cher ami.

RISCHENBACH.

Et vous ne me le dites pas tout d'abord ? Que vous arrive-t-il, bon Dieu ?

GEORGES.

Un vol de cinq cents livres sterling a été commis à notre préjudice.

RISCHENBACH, frappé.

Cinq cents livres !

GEORGES.

Oui, cinq cents livres envoyées pour solde à l'un de nos fournisseurs ont été interceptées, et le voleur... (Mouvement réprimé de Rischenbach.) a poussé l'audace jusqu'à nous en faire parvenir le reçu. Un faux assurément.

RISCHENBACH, se contenant avec peine et s'efforçant de sourire.

Un faux ! un vol ? c'est chose grave ! savez-vous, Georges, qu'une pareille accusation !

GEORGES.

On ne nomme personne, mais le voleur semble être connu.

RISCHENBACH, se contenant violemment.

Par qui?

GEORGES.

Par mon correspondant dont voici la lettre. Eh! pardieu, c'est l'un de vos patrons, Karl, peut-être pourrez-vous nous aider à trouver le coupable.

RISCHENBACH.

Moi!

GEORGES, lui tendant la lettre.

Lisez vous-même, voyez si vous avez une idée de qui l'on accuse.

Rischenbach prend la lettre et la fixe sans pouvoir la lire.

RISCHENBACH.

Et le... le... reçu?

GEORGES.

Le faux.

RISCHENBACH, avec un violent effort.

Le faux, oui!

GEORGES.

Je l'ai là dans la caisse, avec les autres.

RISCHENBACH.

Là?

GEORGES.

Il me faut même le mettre à part.

Il prend le trousseau de clés, en ce moment au bureau, et va au coffre-fort qu'il ouvre.

RISCHENBACH, à part, essuyant son front baigné de sueur.

Découvert! perdu! Ah! Marguerite! (Jetant un regard féroce à Georges.) Et c'est lui! mon faux est-il vraiment là? Pourrais-je le reprendre? Ah! si l'insensé le retire du coffre!

GEORGES, détachant le reçu d'une brochette où sont plusieurs autres.

Voici le reçu.

RISCHENBACH, à part, en s'élançant sur lui par un mouvement sauvage.

Je le tiens!

SCÈNE VII

Les Mêmes, SAM.

SAM, apparaissant tout à coup sur le seuil de la porte.

Vous m'appelez? monsieur Georges?

Il fixe Rischenbach qui s'arrête aussitôt.

GEORGES.

Moi ! tu rêves ; laisse-nous et fais en sorte qu'on ne nous dérange plus.

SAM, à part, calant la porte avec l'un des paniers à vins.

Je ne fermerai pas la porte cette fois.

Il se retire sans quitter de l'œil Rischenbach, qui est appuyé au pupitre et paraît absorbé dans la correspondance.

SCÈNE VIII

RISCHENBACH, GEORGES.

RISCHENBACH, reprenant son sang-froid et regardant de côté la sortie de Sam.

Qu'allais-je faire ? j'étais fou ! cet imbécile m'a sauvé. Ce n'est pas la violence qu'il faut employer.

GEORGES, serrant dans le bureau le reçu qu'il a tiré du coffre et mettant les clefs dans sa poche.

Avez-vous lu ?

RISCHENBACH, qui suit ses mouvements.

J'ai lu.

GEORGES.

Eh bien ?

RISCHENBACH.

Eh bien, je ne saurais vous dire à quel point je suis étonné, affligé même, car ceci vous jette dans un grand embarras et me place, moi, dans une très-fausse position.

GEORGES.

Vous !

RISCHENBACH.

Assurément. Cette lettre vous enjoint de ne livrer ce secret à personne.

GEORGES, frappé de ces paroles.

C'est vrai.

RISCHENBACH.

Sans exception, même pour moi ?

GEORGES, inquiet.

Oh ! mais il y a là oubli, oubli évident.

RISCHENBACH.

Il y a là évidemment oubli, mais je n'ai pas moins lieu d'être froissé, et ma situation dans l'affaire est fort difficile. Comment ! moi, l'agent de la maison, appointé pour veiller à ses intérêts, j'apprends par un tiers et à l'insu de mes patrons, remarquez bien, un vol pareil enveloppé de telles circonstances. Là, franchement, que vous en semble ? N'ai-je pas lieu de me plaindre amèrement et d'exiger de sérieuses explications ?

4.

GEORGES.

J'avoue qu'à votre place...

RISCHENBACH, l'observant en dessous, mais avec un accent convaincu.

A ma place, mon cher Georges, vous prendriez ce reçu, vous partiriez sans retard pour la Suisse, et, le faux en main, vous forceriez l'accusateur à donner le nom de l'accusé. Eh! pardieu, nous tenons la voie, la seule qui mène promptement au but. On vous demande un homme de confiance, un second vous-même... (Avec une sorte d'inquiétude.) Vous ne doutez pas de moi? je présume.

GEORGES, lui prenant la main.

Oh! mon cher Karl!

RISCHENBACH.

Je serai ce messager, et venant à la fois comme agent de la maison et votre propre représentant...

GEORGES.

Je n'y avais pas songé! (Reprenant la lettre qu'il parcourt.) Rien n'est plus simple.

RISCHENBACH, avec un sourire d'espoir.

N'est-ce pas?

GEORGES.

Mais non, c'est impossible!

RISCHENBACH.

Comment?

GEORGES.

Jugez vous-même. (Lisant.) « Envoyez un homme de confiance. »

RISCHENBACH.

Eh bien?

GEORGES.

« Un second vous-même. »

RISCHENBACH.

Parfait.

GEORGES, continuant.

« Mais de votre maison. Personne du dehors, *fût-ce un ami!* »

RISCHENBACH, cachant avec effort son désappointement.

C'est juste! cette idiote restriction arrête tout. En véritable homme d'affaires, vous devez être guidé, non par l'impulsion de votre cœur, mais par l'ultimatum de votre correspondant... Il vous faut suivre... oh! je suis le premier à le reconnaître... il vous faut suivre à la lettre les instructions données.

GEORGES.

Que faire?

RISCHENBACH.

Rien de plus simple. Prenez ce reçu et portez-le vous-même.

GEORGES.

Y pensez-vous?

RISCHENBACH.

Je vous accompagnerai.

GEORGES, à part.

Quitter Marguerite!

RISCHENBACH.

Vous entendez bien que je suis de moitié dans l'affaire, que tant qu'elle ne sera pas vidée, point de repos possible pour moi. Je ne saurais vraiment attendre ici, vos renseignements de là-bas, et je veux d'ailleurs une explication catégorique et devant vous. Je veux de plus vous faciliter la route. Les chemins sont médiocrement sûrs à cette époque de l'année, et je ne veux pas encourir les reproches de Marguerite.

GEORGES.

Il faut que je la voie avant le départ.

RISCHENBACH.

Pardieu! Quand partons-nous?

GEORGES.

Mais...

RISCHENBACH.

Voyons, pas d'enfantillage, et marchons vite en besogne. Venez dîner à la maison, vous ferez vos adieux à Marguerite. Apportez votre bagage... le moins possible, vous savez? et nous prendrons le train-poste ce soir. Cela va-t-il?

GEORGES.

Cela va.

RISCHENBACH.

Bien dit. A six heures alors!

GEORGES.

A six heures.

RISCHENBACH.

Je cours prévenir madame Dor et Marguerite. (Il remonte prendre son chapeau, puis il se retourne vers Georges, qui range la correspondance dans le pupitre à droite.) Dites donc, Georges?...

GEORGES.

Quoi?

RISCHENBACH, désignant du bout de sa canne le tiroir où le faux est enfermé.

N'allez pas oublier le reçu au moins.

GEORGES, riant.

Joli! Non, je n'oublierai pas le reçu.

RISCHENBACH, à part.

Je l'aurai. (Il se retourne et se trouve face à face avec Sam qui entre.) Au revoir, bon Sam; à six heures, Georges.

Il sort.

SCÈNE IX

SAM, GEORGES.

SAM.

Mademoiselle Sarah fera votre malle et je la porterai moi-même chez monsieur Riche-en-blague, n'est-ce pas, monsieur Georges?

GEORGES.

Ah çà, d'où sais-tu que je pars, toi, tu nous écoutais donc?

SAM.

Je n'écoutais pas, patron, mais j'ai tout entendu.

ACTE QUATRIÈME

Huitième Tableau

Le salon de Rischenbach que nous avons déjà vu au troisième tableau. Une lampe sur la table du milieu. Même disposition d'ameublement déjà décrite au troisième tableau.

SCÈNE PREMIÈRE

MADAME DOR, SAM, SARAH.

Au lever du rideau, Sam, chargé d'une malle, entre. Sarah porte un sac de nuit et le nécessaire à écrire ; madame Dor dépose le service à café sur le guéridon du milieu.

SAM.

Monsieur Riche-en-blague, c'est ici?

MADAME DOR.

Ne me reconnaissez-vous pas?

SAM, à part.

Tiens! elle parle. (Haut.) C'est les bagages du jeune patron.

MADAME DOR.

Posez-les là; ces messieurs sont encore à table.

SARAH.

Je vais attendre. Monsieur Leslie peut avoir des ordres à me donner.

MADAME DOR.

Comme vous voudrez.

Elle rentre dans la salle à manger.

SCÈNE II

SARAH, SAM.

SAM, s'approchant de Sarah, en s'essuyant les mains à son tablier.

Mademoiselle!...

SARAH.

Eh bien!

SAM.

On s'ennuie moins quand on attend à deux, et si vous voulez, je vais vous tenir compagnie tout de même.

SARAH.

Mais, monsieur Sam, vous dont la place est dans les caves, je vous trouve toujours dans la maison.

SAM.

Ah! si vous préférez me voir dans les caves, mademoiselle, je vous y conduirai.

SARAH.

Monsieur Sam, depuis quelque temps, je vous ai sans cesse derrière mes talons. Pourquoi me suivez-vous ainsi?

SAM.

Par la même raison, mademoiselle, que le premier homme suivit la première femme : parce qu'il la trouva belle.

SARAH.

Et la première femme lui fit faire des sottises. Comme je ne veux pas qu'il vous en arrive autant, monsieur Sam, je vous tire ma révérence.

SAM.

Attendez, mademoiselle, j'ai encore une autre raison de vous suivre. Voyez-vous, j'ai quelque chose qui me tracasse.

SARAH.

Qu'y puis-je faire?

SAM.

Ce que vous y pouvez?... quand c'est dans les cercles de vos petits pieds que les... non, ce n'est pas cela.

SARAH.

Pauvre monsieur Sam !

SAM.

Oui, pauvre Sam, que vous avez blessé et que vous ne voulez pas guérir.

SARAH.

Moi! je vous ai blessé! moi! je puis vous guérir...

SAM.

Sans doute. Qué que vous faites quand vous vous coupez le doigt et que cela vous cuit? Vous prenez un morceau de chiffon, vous étendez un peu de baume dessus, vous l'appliquez à l'endroit blessé, et tout se trouve pour le mieux. Eh bien! je suis le doigt coupé, et vous êtes à la fois le baume et le chiffon.

SARAH.

Très-obligé à monsieur Sam de me prendre pour un baume, mais le chiffon me gâte un peu la comparaison.

SAM.

Le chiffon, mademoiselle, c'est...

SARAH.

Une déclaration d'amour.

SAM.

Ah ! ça! mademoiselle, je ne saurais pas vous dire. Je ne crains personne pour décanter une barrique de porto, je sais comme pas un, coller le vin, le soutirer, le mettre en bouteilles; mais en amour, je manque d'expérience.

SARAH.

Et vous voudriez?...

SAM.

Je suis seul dans mon trou depuis que le patron a renvoyé ce paresseux de Tom, un farceur... (Faisant le geste de boire.) qui mettait le vin en cruche au lieu de le mettre en bouteilles. La place est vacante, mademoiselle, et je dis que vous feriez un crâne garçon de cave.

SARAH.

Je n'aime pas les vapeurs.

SAM.

Possible, mais vous aimez le patron, et... (Se rapprochant de Sarah.) c'est de lui que je veux vous parler... Oh! cela en vaut la peine, mademoiselle, et il se passe ici des choses qui ne sont pas naturelles. Causons un peu de cela, mademoiselle, et à nous deux, examinons cette affaire.

Il la prend par la taille.

SARAH, lui retirant le bras.

Je ne m'occupe pas d'affaires avec ma taille, monsieur Sam, ne me parlez donc pas avec votre bras.

SAM, piteusement, s'essuyant les mains à son tablier de cuir.

On parle comme on peut, mademoiselle.

SARAH, regardant le tablier, et étouffant un éclat de rire.

Où l'amour va-t-il se nicher!

SAM, qui a surpris son regard.

Mon tablier l'a séduite! Pour sûr, elle m'aime. Mam'zelle, écoutez-moi avec vos oreilles si vous ne voulez pas que je vous parle avec mon bras. Mais écoutez-moi; c'est chose grave!... Je vous le dis, mademoiselle, si l'on ne fait pas quelque chose pour ramener la chance, cela finira mal.

SARAH.

Pourquoi me regardez-vous ainsi?... Est-ce que c'est moi qui peux faire revenir la chance ?

SAM.

Oui, c'est vous !

SARAH.

Moi! mais vous oubliez que c'est moi, moi seule qui suis la cause de tous les malheurs que vous déplorez. Si la mauvaise étoile de monsieur Richard ne m'avait pas amenée chez lui, à la recherche d'une place, le pauvre patron serait encore là, car il n'aurait jamais su la vérité, et tout le reste ne serait pas arrivé ; je suis la malheureuse créature qui a fait tomber la mauvaise chance sur cette maison.

SAM.

Raison de plus, mademoiselle, pour que vous y rameniez la bonne.

SARAH.

Ah ! si je le pouvais !

SAM.

Vous le pouvez, mademoiselle, aussi facilement que je peux faire passer du roussillon pour du jeune porto. (A part.) Je crois que c'est tapé, cela.

SARAH.

Mais comment ?

SAM.

En changeant votre nom de Robson qui est bon, contre celui de Spark qui est mieux. (A part.) Ça aussi, c'est tapé.

SARAH.

Quoi ! monsieur Sam, vous le défenseur des vieilles coutumes, vous me conseillez de changer ma raison sociale !...

SAM.

Une femme n'est pas une maison de commerce, mam'zelle

SARAH.

Merci, pour cette distinction, monsieur Sam.

SAM.

On est galant, quoique rat-de-cave.

SARAH.

Vous avez une manière à vous de faire la cour, monsieur Sam. L'aviez-vous jamais faite jusqu'ici ?

SAM.

J'avais essayé, mademoiselle, mais je n'avais jamais été aussi loin. J'y mettrais plus de réflexion si j'avais le temps, mais les vapeurs m'attendent là-bas. Sans cela, ah ! mam'zelle, je ne sais pas ce qui pourrait arriver... (La prenant par la taille.) Si j'osais parler avec mon bras, et si vous m'écoutiez avec votre taille.

SARAH, se dégageant doucement.

Monsieur Sam je ne ne vais pas si vite. Le mariage est chose sérieuse, et plus une femme y met de réflexion, plus il y a de certitude de bonheur pour elle, le mari et les enfants qui surviennent.

SAM.

Admirable éloquence ! Ça ne s'est jamais dit ! (Répétant ce qu'il a entendu.) Le mariage est chose sérieuse, et plus les enfants y mettent de réflexion, plus le mari et la femme ont de certitude de bonheur,

SCÈNE III

SARAH, SAM, MADAME DOR.

MADAME DOR, apportant le café.

– Monsieur Leslie n'a point d'ordres pour vous, madame Sarah ; il prie monsieur Sam de faire avancer une voiture, tandis qu'on prendra le café au salon.

Elle apprête le tout sur le guéridon du milieu.

SAM à Sarah.

Je vais vous ramener à la maison, mademoiselle, et je reviendrai avec un cab pour les conduire au chemin de fer. (La regardant passer devant lui). Est-elle d'aplomb !... est-elle sur champ ! Ils sortent.

SCÈNE IV

GEORGES, fumant un cigare RISCHENBACH en habit de voyage MARGUERITE, MADAME DOR.

RISCHENBACH.

Allons, ma vieille Dor, dépêchons. Sers le café, Marguerite. (A madame Dor.) Vous, allez me chercher mes gants, mon paletot, moi je vais achever ma valise. Le temps marche Georges, et nous serons en retard.

Madame Dor sort par la droite.

GEORGES.

Mais, je suis prêt, moi, Karl.

RISCHENBACH.

Pardieu ! l'on a tout fait pour vous par avance. Ah ! quelle belle et bonne chose que la fortune, mon maître, et qu'elle aplanit aisément les difficultés de la vie. (Montrant le bagage de Georges apporté par Sam et Sarah.) Voyez, vous n'avez eu qu'à donner l'ordre, vous, à dire une parole, et vous êtes servi. Moi !... je vais me servir moi-même.

MARGUERITE, qui a fini de verser le café.

Je vais vous aider.

RISCHENBACH.

Toi ? te moques-tu ? Toi, me servir ! Non, Marguerite, non, ces jolies mains-là ne doivent aider qu'à ta propre toilette, ne peuvent remuer que dentelles et chiffons. Tes pieds mignons ne doivent te porter que vers le plaisir, ce beau front ne doit se courber que sous ta fantaisie, au gré de tes caprices !...

MARGUERITE.

C'est ma fantaisie de vous servir ; vous aider est mon caprice.

5

RISCHENBACH..

Fais donc, alors, (Lui baisant la main qu'il tient déjà.) et merci!

Il se met à compléter sa valise. Marguerite lui apporte au fur et à mesure les différents objets épars sur les meubles, et s'arrête chaque fois
pour lancer des apartés à Georges.

MARGUERITE, apportant chemises, bas et mouchoirs à Rischenbach,
qui a déjà entassé quelques gros effets dans le fond de la malle.

Ne persistez pas, Georges; je vous en supplie, ne partez pas
avec lui. (Elle remet les objets à Rischenbach qui les case à mesure.)
Vous savez, la petite photographie de vous, qui était dans ma
table à ouvrage ? Eh! bien, l'autre jour, elle me manqua et j'en
retrouvai le soir un débris dans les cendres.

Elle prend un habit qu'elle a placé lentement sur la chaise ; à côté de
Georges, pendant que celui-ci lui répond à mi-voix aussi.

GEORGES.

Chère enfant, c'est quelque mesquine taquinerie de madame
Dor. Karl ne saurait être coupable d'un pareil enfantillage.
D'ailleurs, quelle raison aurait-il ? Jamais nous ne fûmes meil-
leurs amis.

MARGUERITE.

Amis! Ah! Georges! tout à l'heure, à table, tandis que vous
parliez de vos projets, de notre union, de votre prochain retour, placée près de lui, je l'observais dans la glace ; ses
yeux s'étaient fixés sur vous, ardents comme ceux d'un tigre
qui guette sa proie ; un sourire sardonique plissait ses lèvres.
Georges, il vous en veut ; vous l'avez offensé ! — Je le sens, il
vous hait !

GEORGES.

Moi !

RISCHENBACH, se retournant au bruit.

Hein ?...

MARGUERITE, lui tendant l'habit qu'elle a fini de plier.

Votre habit.

RISCHENBACH.

Merci, Marguerite.

Il les observe avec haine.

MARGUERITE, passant pour chercher la couverture de voyage,
pendant que Rischenbach boucle la valise.

Ne partez pas, Georges. (Repassant avec la couverture qu'elle passe
Rischenbach.) Au nom du ciel, Georges, au nom de notre amour,
ne partez pas, ne partez pas... ou partez seul. Mais pas avec
lui, Georges. Oh! pas avec lui !

RISCHENBACH, qui la suit du regard en dessous.

Où est ma gibecière ?

MARGUERITE, se remettant aussitôt et posant la couverture sur la valise, tout en désignant à Rischenbach sa gibecière sur l'une des chaises à
droite.

Là; elle est là, près de la fenêtre.

RISCHENBACH, avec un sourire contraint.

Merci. (A part, prenant quelques papiers, passe-port, bank-notes, etc., dans le bureau à gauche.) Qu'a-t-elle donc à lui parler bas? Que peut-elle avoir à lui dire?(Il va prendre la gibecière au fond.) " Où diable mettez-vous vos papiers, Georges? Voulez-vous les joindre aux miens? Vous n'avez pas de gibecière, vous, un Anglais! (Lui présentant sa gibecière ouverte et y mettant lui-même ses papiers.) Voici la mienne ouverte à votre service.

GEORGES.

Merci. (Tâtant sa poche de portefeuille.) Je n'ai qu'un seul papier d'importance... (Rischenbach tend sa gibecière.) et celui-là ne doit pas me quitter.

RISCHENBACH, à part.

Vraiment !

GEORGES.

Je ne m'en séparerai qu'à Neuchâtel.

RISCHENBACH, à part, avec un regard haineux.

Nous verrons bien.

Il ferme la gibecière.

MARGUERITE, qui ne l'a pas quitté des yeux, bas à Georges.

Regardez-le, maintenant.

RISCHENBACH, voyant qu'il est observé.

Madame Dor, mes gants.

Madame Dor paraît, apportant en grande pompe les gants, le paletot et le bonnet fourré qu'elle pose sur une chaise. — Rischenbach éclatant de rire et la bénissant d'un geste comique.

O ange gardien de mes effets, soyez bénie !

GEORGES, à Marguerite, à voix basse en la rassurant.

Vous l'entendez, chère amie, jamais il ne fut aussi joyeux, aussi bon enfant ! vos craintes sont chimériques.

MARGUERITE.

Dieu le veuille, Georges !

SCÈNE V

Les Mêmes, SAM.

GEORGES.

Ah ! te voilà, toi ? Le cab est-il en bas ?

SAM.

Oui, M. Georges.

GEORGES.

Eh bien ! portes-y les bagages et dépêchons

SAM.

C'est que voici une autre lettre de Suisse, patron; elle vient d'arriver à la maison et je vous l'apporte.

GEORGES.

Une lettre de Suisse!

RISCHENBACH, avec inquiétude.

Un contre-ordre peut-être!

MARGUERITE.

Oh! si cela se pouvait! Lisez, lisez vite.

Georges ouvre la lettre et jette l'enveloppe sur la table. Rischenbach lit la suscription à la dérobée.

RISCHENBACH, à part.

C'est de la maison Dufresnier. (S'appuyant à la table.) Que se passe t-il encore?

MARGUERITE, à Georges dont le front s'assombrit

Eh bien?

GEORGES.

Eh bien! c'est un nouvel ennui!

RISCHENBACH.

Un ennui.

GEORGES.

Et vous allez être grandement désappointée, Marguerite, si vous partagez le chagrin que me cause notre séparation.

MARGUERITE.

Comment?

GEORGES.

Mon voyage va se prolonger.

MARGUERITE.

Oh! non, n'est-ce pas?

RISCHENBACH.

Qu'arrive-t-il?

GEORGES.

L'associé de Dufresnier m'écrit que celui-ci étant tombé subitement malade à Milan, il lui faut le rejoindre; il me prie de lui faire parvenir sans retard le papier attendu. Il me faut donc pousser jusqu'à Milan.

RISCHENBACH, à part.

Ah! je respire!

MARGUERITE, à part, avec une crainte indicible.

Ah! mon Dieu!... mon Dieu!...

GEORGES, à Rischenbach.

Mon cher Karl, j'ai pu accepter votre offre amicale, alors qu'il ne s'agissait que d'un voyage en Suisse. Mais je ne saurais vous imposer de m'accompagner en cette horrible saison au milieu des Alpes...

MARGUERITE, bas et vivement.

Bien, Georges, merci!

RISCHENBACH, qui les suit des yeux en souriant.

Mon cher George, je ne sais rien faire à demi, moi. Si vous traversez les Alpes, que le soleil brille ou que la tempête gronde, je ne vous quitte pas!

GEORGES, saisissant les deux mains que Rischenbach lui tend.
Bien dit, Karl, vous êtes un vrai ami.

MARGUERITE, à part, muette sous le regard de Rischenbach.
Georges est perdu !

GEORGES, à Sam.
Allons, mon vieux rat, change le lieu de destination sur l'adresse de la valise et au lieu de Neuchâtel, écris Milan.

RISCHENBACH, qui suit la même recommandation et tout en écrivant.
Vous savez comment cela s'épelle, mon bon Sam ?

SAM, tout en écrivant et le regardant de côté.
M. I. L. A. N; et je sais même plus long.

RISCHENBACH.
Vous !...

SAM.
Je sais...

RISCHENBACH.
Quoi ?

SAM, se maîtrisant.
Je sais où cela se trouve sur la carte. (A part.) Et je te le prouverai, canaille !

RISCHENBACH.
Vous dites ?

SAM.
C'est écrit. (Lui prenant aussi sa valise et l'emportant avec celle de Georges, tandis que madame Dor se charge des mêmes objets.) Vous porterai-je aussi la vôtre ?

RISCHENBACH.
Trop bon, en vérité.

SAM, à part, en sortant à la suite de madame Dor.
On ne t'en dira jamais autant.

SCÈNE VI

MARGUERITE, RISCHENBACH, GEORGES.

RISCHENBACH.
Allons, Georges, en route.

GEORGES.
Me voici.

RISCHENBACH.
Adieu, Marguerite, pense un peu à moi durant l'absence.

Il l'attire à lui pour l'embrasser ; elle le repousse involontairement.

MARGUERITE, comme appelant à son aide.
Georges !

RISCHENBACH, à part.
Oh! comme elle l'aime ! (Haut, à Marguerite, et à demi caché

par Georges qui est redescendu.) Sois tranquille, và, je me charge de lui, adieu. (Il lui prend la main, elle lui tend le front en tremblant. Rischenbach y pose ses lèvres et sort en hâte pour cacher son émotion.) **En route!** Tous les trois remontent. Rischenbach sort. Marguerite arrête Georges une dernière fois.

MARGUERITE.

Georges, je vous en prie. Je t'en supplie, Georges, ne le suis pas.

GEORGES.

Marguerite, chère enfant, ne m'ôte pas mon courage.

RISCHENBACH, du dehors.

Georges!

GEORGES, à Marguerite, en la saisissant dans ses bras.

Un baiser!

RISCHENBACH, toujours en dehors.

Georges!

SAM, accourant.

Vite, patron, il vous appelle, il s'impatiente, il va remonter!

GEORGES, s'arrachant à l'étreinte de Marguerite et s'élançant au dehors.

Adieu!

MARGUERITE, tombant sans force sur le fauteuil près du guéridon.

Adieu!... oui, c'est un adieu. Je le sens, je ne le verrai plus.

SCÈNE VII

MARGUERITE, SAM.

SAM, s'avançant et avec animation.

Vous le reverrez si vous en avez le courage, mademoiselle, et si vous voulez suivre mon avis...

MARGUERITE.

Comment?

SAM.

Vous sentez comme moi qu'un malheur le menace, n'est-ce pas? et qu'il ne faut pas le laisser sans défense aux mains de cet homme?

MARGUERITE.

Oui, je le sens.

SAM.

Vous croyez-vous de force à supporter la fatigue, à braver les dangers?...

MARGUERITE.

Essayez: je suis la fille d'un paysan, moi! je suis du peuple comme vous, Sam; et je suis prête à tout pour le sauver.

SAM.

Eh bien, mademoiselle, partez, suivez-les et je vous accompagnerai, moi!

Marguerite pousse un cri et se jette au cou de Sam qu'elle embrasse.

Neuvième Tableau

Une chambre à coucher dans une auberge suisse. — Alcôve avec lit à droite au fond. — Porte à gauche au fond. — Le feu est allumé dans la cheminée à gauche, au second plan. — Fenêtre à droite. Une table à écrire avec deux bougies dont l'une est allumée. — Fauteuil à gauche de la table. — Une chaise au milieu du théâtre. Une autre table à droite avec une chaise auprès d'elle. Il fait nuit.

SCÈNE PREMIÈRE

GEORGES, RISCHENBACH.

Georges assis à la table, écrit dans un livre-journal placé sur son pupitre de voyage. Rischenbach fume et se promène lentement dans la chambre en jetant de temps à autre un regard oblique à Georges.

GEORGES, refermant son livre-journal.

Quelle effrayante tranquillité ! quel silence imposant ! Cela fait froid.

RISCHENBACH.

Oui, n'est-ce pas ? on se sent peu de chose et l'on se demande pourquoi se donner tant de peine dans la vie pour arriver infailliblement à la mort.

GEORGES, riant.

Joli speech pour égayer la situation ! J'entends une sorte de bruissement égal et continu à distance. Est-ce un torrent ?

RISCHENBACH.

Une chute d'eau seulement qui tombe de la montagne, là, devant nous.

GEORGES.

La montagne qu'il nous faudra traverser demain ?

RISCHENBACH.

Oui... cela me rappelle le temps où, tout enfant, j'y conduisais les voyageurs ; où selon la somme que j'en rapportais, je recevais au retour un morceau de pain ou des coups de la main de celle qui se disait ma mère !

GEORGES.

Qui se disait votre mère ! Avez-vous donc des doutes à ce sujet ?

RISCHENBACH.

Est-ce que je sais, moi ? Quelle preuve ai-je jamais eue qu'elle disait vrai ? (Allumant une pipe à la chandelle devant Georges.) Bah ! je suis sur terre, n'est-ce pas ? Le malheur en est bien assez grand sans me creuser la tête à savoir qui m'y a jeté !

GEORGES.

En tout cas, vous êtes Suisse?

RISCHENBACH.

Qu'en sais-je encore? Je vous demande : Êtes-vous Anglais? qu'en savez-vous? qui vous l'assure?

GEORGES.

Mes jeux d'enfant, mes souvenirs.

RISCHENBACH.

Ah! vous croyez aux souvenirs! Jeux d'enfant, en effet.

GEORGES.

Vous avez sûrement gardé au cœur ou dans l'esprit la mémoire de vos premiers pas, de vos jeunes années?

RISCHENBACH.

J'ai gardé dans l'esprit, la mémoire de la faim, de la douleur et du froid; j'ai gardé au cœur le souvenir des coups de bâton.

GEORGES.

Je vous plains.

RISCHENBACH.

Bah! vous feriez mieux d'en rire... Il y a quelque vingt ans, nous rencontrant sur cette même route du grand Saint-Bernard, je vous eusse demandé un petit sou en faisant la roue à la portière de votre voiture. Aujourd'hui, je ne vous demande qu'une chose, c'est de ne plus me parler du passé.

Il va à la fenêtre qu'il ouvre.

GEORGES, le regardant tristement.

Pauvre garçon! il a le cœur aigri! il souffre au fond. Il a quelque idée sur sa naissance qu'il ne veut pas confier... serait-ce la clef de l'intérêt que lui portait Richard? Pourquoi cela me vient-il à l'esprit? Singulier pressentiment! (Une rafale de vent fait entrer la neige qui tombe à gros flocons par la fenêtre ouverte.) Oh! quel vent! quel froid!

RISCHENBACH.

Vous avez froid, vous, moi, la fièvre me brûle. (Il referme la fenêtre.) Ranimons votre feu qui s'est éteint. (Il va à la porte et appelle.) Garçon! Eh! là bas, voyons, du bois ici! (Il referme la porte. Georges range son nécessaire qu'il referme ensuite à clef. A part.) Où a-t-il mis le reçu? où le mettra-t-il cette nuit?

SCÈNE II

LES MÊMES, LE GARÇON.

Le garçon entre avec le bois et ranime le feu. — Georges traverse la scène et va poser le nécessaire devant la fenêtre, près de son sac de nuit.

RISCHENBACH.

S'il dort, je le trouverai bien, mais s'il allait s'éveiller avant!

(Frappé d'une idée subite et tirant un flacon de sa poche.) J'essaierai de l'opium, ce soir.

Le garçon emportant le panier à bois se dirige vers la porte. Rischenbach remonte à la cheminée.

LE GARÇON.

Ces messieurs désirent-ils quelque chose ?

GEORGES.

Rien pour moi, merci.

RISCHENBACH, au garçon qui fait mine de sortir.

Donnez-nous de l'eau-de-vie, la meilleure que vous ayez, au moins.

LE GARÇON.

Oui, monsieur.

GEORGES.

Naturellement.

SCÈNE III

GEORGES, RISCHENBACH.

RISCHENBACH.

Un peu d'eau-de-vie vous réchauffera et me remettra du cœur au ventre. Je me sens tout singulier.

GEORGES.

J'ai peur que ce qu'on va nous servir ne remplisse que médiocrement votre but.

RISCHENBACH.

Nos gourdes sont vides, nous aurons demain à traverser la montagne, et de l'eau-de-vie, même douteuse, vaut mieux que pas d'eau-de-vie du tout.

GEORGES, riant.

Ça dépend des idées.

RISCHENBACH, riant aussi.

Négociant va !

SCÈNE IV

LES MÊMES, LE GARÇON.

Le garçon rentre avec un plateau, deux verres et un flacon d'eau-de-vie qu'il dépose sur la table près de Rischenbach.

GEORGES, toujours occupé au rangement de ses ustensiles de voyage, s'adressant au garçon déjà en dehors de la porte.

Les guides sont retenus ?

LE GARÇON.

Oui, monsieur !

GEORGES.

Vous en répondez ?

5.

LE GARÇON.

Oh! oui, monsieur!

GEORGES.

Et ils seront ici?

LE GARÇON.

A cinq heures, monsieur!

GEORGES.

Bien; réveillez-nous à quatre heures.

LE GARÇON.

Cela suffit, monsieur!

GEORGES.

A quatre heures précises, entendez-vous? Et ne me lâchez pas que je ne sois hors du lit. Je me connais, je continuerais à dormir en rêvant que je m'habille.

Le garçon sort.

SCÈNE V

GEORGES, RISCHENBACH.

RISCHENBACH, qui a versé du laudanum dans l'un des verres remplis d'eau-de-vie, le présentant à Georges.

Ceci est de votre ressort, Georges, dégustez et jugez. (Georges boit à moitié la liqueur offerte et rend le verre à Rischenbach.) Médiocre, n'est-ce pas?

GEORGES.

Plus que médiocre. Il y a un goût amer... Je ne vous conseille pas d'en boire.

RISCHENBACH.

Et je suivrai l'avis. (Il jette le reste de l'eau-de-vie droguée et repose le verre sur le plateau.) Et de plus je vais me coucher. A mon tour, je vous conseille d'en faire autant. Il faut être debout avant le jour, vous savez?

GEORGES, qui a passé à la cheminée.

Je le sais.

RISCHENBACH, allumant sa bougie à celle de Georges sur la table.

Allons, bonsoir. A propos, Georges, est-ce que vous fermez notre porte à clef la nuit?

GEORGES.

Jamais! Je dors trop profondément.

RISCHENBACH.

Singulière raison! Je ne comprends pas.

GEORGES.

Vous me comprendriez facilement si l'on avait à me réveiller du dehors, et que vous vous fussiez promis de dormir plus longtemps que moi.

RISCHENBACH.

Vous plaisantez.

GEORGES.

Mon cher ami, quand je dors, il faudrait pour me réveiller,
la ville entière, il faudrait tirer le canon à porte fermée.

RISCHENBACH.

Très-joli! Et comme les canons nous manquent absolument...

GEORGES.

Je dormirais jusqu'au jugement dernier. Au lieu que le garçon entrant librement dans ma chambre et me secouant
jusqu'à ce que réveil s'ensuive, il y a chance de ne pas
mettre tous les voisins sur pied.

RISCHENBACH.

A la bonne heure. Moi aussi, du reste, je laisse ma porte
ouverte et si vous avez besoin de moi... Encore un mot cependant, un conseil de voyageur et d'habitant de ce pays.
Quand vous couchez dans une auberge suisse, mettez vos
papiers... et votre argent naturellement, mettez vos papiers
sous votre traversin. C'est plus sûr.

GEORGES, riant.

Diable! cher ami, vous ne flattez guère vos compatriotes.

RISCHENBACH.

Mon cher garçon, mes compatriotes sont comme le reste des
hommes, et les hommes passent leur vie à se voler les uns les
autres.

GEORGES.

Trop vrai!

RISCHENBACH.

Allons, bonne nuit: à quatre heures demain.

GEORGES.

C'est l'affaire du garçon.

RISCHENBACH, refermant la porte.

Bonne nuit.

SCÈNE VI

GEORGES, seul.

Drôle d'être que ce Karl! Et ce qu'il y a de plus étrange en
lui, c'est ce doute éternel de son origine mêlé à cette incroyable
répugnance qu'il a d'en parler. Jamais cependant, cela ne
m'avait frappé aussi vivement qu'aujourd'hui. Serait-il bien
possible que nous eussions passé aussi souvent près de la vérité, et que le vrai Richard, l'héritier enfin de la fortune que j'ai
à restituer eût vécu avec nous, côte à côte, sans que nous
l'ayons jamais soupçonné. Tout nous l'indiquait cependant, et
c'est peut-être là ce qui le fit appeler par Richard à son lit de
mort. Comment tous ces rapprochements ne m'ont-ils pas

frappé plus tôt ! L'enfant adopté fut amené en Suisse. Karl a
juste l'âge de Richard ; Karl parle notre langue de façon à
faire croire que c'est la première qu'il ait bégayée. Puis ce
doute anti-naturel, si ses parents reconnus étaient réellement
ses parents ! Est-ce que l'homme si longtemps cherché serait
là près de moi, dormant sous le même toit ?... si je lui disais...
si j'essayais avec lui... Voyons, pas de demi-mesure, je veux
à l'instant... (Il quitte la table de droite sur laquelle il était à moitié assis
et s'élance vers la porte. Tout-à-coup il s'arrête comme saisi d'un éblouis-
sement subit.) Eh bien, que me prend-il donc ? (Il cherche un
appui pour ne pas tomber et se trouve à la table à gauche.) Quel
étrange engourdissement!... le froid sans doute. (Il passe à la cheminée.) Je ferais bien mieux de suivre le conseil de Karl ; me
coucher, placer ce papier sous mon chevet, et dormir dessus
au plus vite. (Il a tiré le reçu de sa poche et se dirige vers le lit, mais il
trébuche près de la table, sur laquelle il s'assied.) Karl ! Est-ce que j'aimerais qu'il fût reconnu pour l'héritier de Richard ? Est-ce que
je le voudrais riche ? Non ! nous nous entendons à merveille depuis quelque temps, mais je n'en voudrais pas pour associé.
Je n'aimerais pas qu'il devînt riche. Sa puissance n'est déjà
que trop grande sur Marguerite, et la fortune... (Remettant le
reçu dans sa poche et boutonnant sa redingote.) Ah çà, est-ce que je
perds la tête, moi ? De quel droit mon personnel et mesquin
intérêt viendrait-il entraver l'accomplissement d'un devoir
sacré ! (Repoussant l'eau-de-vie.) C'est cette drogue qui m'empoi-
sonne l'esprit, je crois. J'ai eu tort d'en prendre, même le peu
que j'en ai bu. Demain, quand mes idées seront éclaircies, je
confierai tout à Karl. D'ici là, reposons-nous. Je n'ai ni le courage ni la force de me déshabiller. Bah ! Je vais me jeter dans
ce fauteuil... Une heure de sommeil me remettra d'aplomb.
(Il s'installe dans le fauteuil près de la cheminée.) Maudite eau-de-vie,
va ! (Il souffle la bougie dont la flamme gêne ses yeux et s'accote pour
dormir. Le théâtre n'est plus éclairé que par la double clarté du grand feu
de la cheminée et d'un rayon de lune filtrant par la fenêtre.) Marguerite,
ange aimé, veille sur moi!...

Un moment de silence, puis le large pêne de la porte est soulevé lentement;
puis, lentement à son tour, la porte est ouverte et Rischenbach se glisse
sans bruit par l'entre-bâillement. Après avoir refermé la porte avec pré-
caution, il s'avance à pas de loup vers le lit dont il soulève le rideau. Au
moment où il se penche sur l'oreiller, Georges qui, dans son demi-sommeil,
suit les mouvements de cette ombre qui s'agite devant lui, se lève subitement.

SCÈNE VII

RISCHENBACH, GEORGES.

GEORGES.

Qui va là ?

RISCHENBACH.

Hoin ! encore debout !

GEORGES.

C'est vous?

RISCHENBACH, saisi et se retournant avec terreur.

Sans doute, c'est moi...

GEORGES.

Qu'y a-t-il?

RISCHENBACH, combattant son embarras.

Est-ce que vous êtes malade?

GEORGES.

Moi? Nullement. Pourquoi?

RISCHENBACH.

Rien, une folie. Je m'étais assoupi et j'eus un mauvais rêve... un rêve sur vous... et...

GEORGES.

Et c'est cela qui vous amène?

RISCHENBACH.

Pardieu! moquez-vous de moi, je le mérite bien... Et maintenant que je vous trouve debout, valide et capable de vous défendre... vous-même, je vous laisse. (Il se dirige vers la porte en tournant autour de Georges, qui le suit des yeux avec une sorte de surprise. Tout à coup il s'arrête, et désignant la cheminée.) Diable! vous avez là un crâne brasier! Je suis gelé moi, j'ai laissé éteindre mon feu comme votre lumière. (La rallumant et regardant Georges à la dérobée.) Est-ce que vous tenez beaucoup à dormir?

GEORGES.

Ma foi! j'avais grand sommeil avant votre entrée, mais la surprise paraît l'avoir entièrement chassé. Restez avec moi, si bon vous semble, et causons en attendant le départ.

RISCHENBACH.

Causons. (Riant et tirant un couteau, avec lequel il débourre sa pipe.) Dieu, que c'est bête, les rêves; vous croyant en danger, j'étais accouru. Je vous voyais attaqué... je pensais avoir à lutter...

GEORGES, riant aussi.

Et vous étiez armé pour le combat?

RISCHENBACH.

Armé! (Georges désigne le couteau.) Ça, c'est un couteau de voyage que je porte toujours sur moi. (Jouant avec et les yeux fixés sur Georges, que le sommeil reprend.) Est-ce que vous ne portez rien de la sorte?

GEORGES.

Rien de la sorte.

RISCHENBACH.

Quoi? ni couteau, ni pistolet?

GEORGES.

Aucune arme offensive ou défensive.

RISCHENBACH.

Votre confiance anglaise est vraiment insolente.

GEORGES.

Confiance en nos hôtes.

RISCHENBACH.

Non pas, s'il vous plaît, c'est confiance en vous-même...

GEORGES.

Ma foi, c'est bien possible. (Se prenant le front et passant au fauteuil.) Mais qu'est-ce que j'ai donc cette nuit! Encore cet invincible sommeil qui me reprend.

RISCHENBACH, à part.

C'est l'opium qui fait sa besogne.

GEORGES.

Vous m'excusez, n'est-ce pas?

RISCHENBACH.

Pardieu! (A part, regardant le lit.) A-t-il suivi mon conseil? Le reçu est-il là?

GEORGES, qui est retombé sur le fauteuil.

Où êtes-vous?

RISCHENBACH.

Ici, à vos côtés!

Il s'assied sur la table, bourre sa pipe et l'allume.

GEORGES, que la lumière semble fatiguer, mettant sa main devant ses yeux.

J'avais à vous parler tout à l'heure, je désirais causer avec vous; — nous entendre sur un sujet... un sujet... vous savez bien...

RISCHENBACH.

Moi?

GEORGES.

Oui... Oh! cet invincible sommeil! Voyons, aidez-moi. Il s'agit...

RISCHENBACH, qui a les yeux fixés sur lui et suit avec anxiété les progrès du narcotique.

De notre voyage, de la route de demain?...

GEORGES.

Demain! oui, c'est demain que je veux vous confier, vous dire...

Sa tête s'affaisse, sa main retombe. Un silence.

RISCHENBACH, il se lève et pose sa pipe sur la table.

Il dort!... Où est le reçu? (Il se dirige à pas de loup vers le lit. Au moment où il va mettre la main sur l'oreiller, il croit entendre un léger bruit et se dresse tout debout, le dos au lit, face au public; puis il se courbe et sans quitter des yeux la place où dort Georges, il fouille d'une main fiévreuse sous les oreillers sans rien trouver.) Pas là! (Il se tourne vers la table qui est à droite, près de la fenêtre et aperçoit le pupitre de

Georges.) L'aurait-il par hasard serré ? (Il va au pupitre, en fait sauter la serrure avec son couteau qu'il met entre les dents pour examiner les papiers contenus dans le pupitre.) Rien ici, non plus ! (Il replace les papiers et ferme le pupitre.) C'est sur lui qu'il le porte. Oui, il m'a dit au départ qu'il le garderait sur lui. (Se dirigeant vers Georges en relevant ses manches. Il a toujours son couteau ouvert à la main et s'élançant vers Georges endormi.) Si je le pouvais soustraire sans violence... sans... (Avec emportement et son bras armé tendu sur Georges.) Cependant, je le tiens sans défense, là, à ma merci, celui qui s'est dressé entre Marguerite et moi, celui qui tient mon honneur dans sa main, celui dont la mort me serait doublement utile. (Dans un accès de colère folle, il lève son couteau vers Georges, puis se recule avec horreur et ferme son couteau.) A-t-il le faux sur lui ? (Il se rapproche de Georges. Celui-ci laisse tomber sa tête. Rischenbach, qui croit que le dormeur s'éveille va rouvrir son couteau. S'apercevant que le sommeil de Georges continue, Rischenbach serre son couteau et tâte la poche de côté de Georges.) Oui, je le sens, il est là. Que j'arrive seulement à glisser ma main sans l'éveiller...

Moment de silence, au bout duquel on frappe violemment. Georges se réveille en sursaut, Rischenbach se jette de côté.

GEORGES.

Entrez !

RISCHENBACH, avec rage, à part.

Idiot ! une minute de plus, je le tenais !

SCÈNE VIII

Les Mêmes, LE GARÇON, puis LES GUIDES.

LE GARÇON.

Quatre heures, messieurs !

Les guides paraissent sur le seuil, Georges s'occupe des bagages. Rischenbach rallume sa pipe.

ACTE CINQUIÈME

Dixième Tableau

Le parloir du couvent du Grand-Saint-Bernard.

SCÈNE PREMIÈRE

GEORGES et LE MOINE, portant un registre, sont en scène, RISCHENBACH entre suivi de deux guides.

GEORGES.

Eh bien?

RISCHENBACH.

Eh bien, ils refusent de nous conduire plus avant. La neige, le vent s'en mêlent, et les poltrons ont peur!

JEAN-MARIE

Nous ne sommes pas des poltrons, monsieur, nous sommes simplement des pères de famille qui tenons à ne pas laisser nos enfants orphelins, et des hommes d'expérience qui savons ce que peut nous coûter une bravade inutile.

GEORGES, à Jean-Paul.

Et vous, qui êtes plus jeune, avez-vous les mêmes appréhensions que votre aîné?

JEAN-PAUL.

Moi, monsieur, je ferai ce que fera le vieux. Les vieux décident, les jeunes agissent, telle est notre opinion dans la montagne.

RISCHENBACH, à part

Ils n'iront pas. (Haut à Georges.) Vous avez déjà voyagé en Suisse, vous savez ce que cela veut dire?

GEORGES.

Non, en vérité!

RISCHENBACH.

Ils veulent tout simplement faire doubler leur paie.

GEORGES.

Nous prennent-ils pour des enfants? (Aux guides.) Voyez, le vent semble tomber; c'est à peine s'il neige encore.

JEAN-MARIE, regardant à la fenêtre.

Vous aurez assez de vent pour arrêter votre marche, assez

de neige pour vous enterrer debout, tel que vous êtes là devant moi. Si vous êtes las de la vie, traversez la montagne ce soir.

GEORGES, à Rischenbach.

Vous l'entendez, êtes-vous convaincu ?...

RISCHENBACH.

Convaincu que deux napoléons changeraient son opinion.

JEAN-MARIE.

Deux mille ne la changeraient pas. (Passant à Georges.) Pardon, monsieur, vous n'avez pas dit que j'étais à vendre. Je vais vous expliquer, à vous.

RISCHENBACH, à part.

Grâce à l'orage, je pourrai me débarrasser de ces drôles plus aisément que je ne l'espérais. Pas de témoins à craindre.

JEAN-MARIE, près de Georges à la fenêtre.

Regardez là-haut. Combien pouvez-vous compter de pointes blanches visibles à travers ce brouillard ?

GEORGES.

Deux.

JEAN-MARIE.

Il y a une troisième pointe.

RISCHENBACH, à Jean-Paul.

C'est vrai ?

JEAN-PAUL, scandalisé du doute de Rischenbach.

Puisque le vieux l'affirme.

RISCHENBACH, riant.

C'est juste !

GEORGES.

Et pourquoi ne la vois-je pas ?

JEAN-MARIE.

Parce que la tempête gronde déjà au-dessus d'elle. Mais la tempête est femme, elle est capricieuse, et reviendra ici, d'où elle est partie. Quand cette pointe est cachée, alors que les autres sont visibles, méfiez-vous de la montagne, le malheur en descend. Avez-vous entendu la chute d'eau hier au soir? Tempête. Avez-vous vu les chèvres bondir ? Tempête. Votre porte vous a-t-elle résisté en l'ouvrant ce matin ? Tempête. Faites à votre gré, messieurs, je vous ai avertis.

RISCHENBACH, à Jean-Paul.

Et toi, que penses-tu ?

JEAN-PAUL.

Moi! Je ne pense rien, je ferai ce que fera le vieux.

RISCHENBACH.

Celui-là n'a qu'une idée, mais il y tient...

GEORGES.

Allons, ce ne sont après tout, que quelques heures de re-

tard., et nous risquerons de perdre plus de temps en nous
égarant dans la montagne.

RISCHENBACH, désappointé.

Comment! vous voulez coucher ici?

GEORGES, surpris.

Y voyez-vous quelque empêchement ?

RISCHENBACH, se remettant.

Moi ! aucun; c'est vous que cela regarde, c'est vous qui
êtes pressé! Seulement, moi qui suis du pays, moi qui connais la montagne comme l'A. B. C. je sais apprécier à sa juste
valeur, le refus de nos guides. Vous croyez à leur dire, vous
craignez les dangers qu'ils inventent? A votre aise, j'attendrai
ici avec vous.

LE MOINE.

Veuillez donc inscrire vos noms au registre des voyageurs,
messieurs, et je vais à l'instant faire préparer vos cellules.

Rischenbach signe d'abord, Georges ensuite.

RISCHENBACH, à part, pendant ce jeu de scène.

Encore un obstacle, le grain de sable qui arrête la marche
si bien conçue, si habilement menée jusqu'ici. Les niais me
feront regretter de l'avoir épargné cette nuit.

LE MOINE.

Je reviendrai bientôt, messieurs, pour vous conduire au
logis qui vous aura été assigné.

GEORGES.

Merci, monsieur.

Le moine se retire, Georges tire sa bourse et paie les guides.

SCÈNE II

GEORGES, RISCHENBACH, LES GUIDES.

GEORGES, aux guides.

Et vous, mes braves, voici la paie convenue, de plus un
léger pourboire en l'honneur de la naïveté de l'un et de la
mâle hardiesse de l'autre.

RISCHENBACH.

Mâle hardiesse qui sert d'enveloppe à l'amour du lucre ou à
la poltronnerie.

JEAN-MARIE.

Je ne suis pas votre égal, monsieur, mais je suis votre com-
patriote, et il m'est pénible d'avoir à le regretter. Vous nous
taxez de mauvaise foi et de poltronnerie ; je souhaite que cela
ne vous porte pas malheur. (Il salue Rischenbach et sort en adressant
à Georges ces dernières paroles.) Que Dieu vous conduise, monsieur.

Le prieur paraît sur le seuil, fait un signe amical aux guides qui s'éloignent. Il
s'avance en s'inclinant vers les jeunes gens qui lui rendent respectueusement son salut.

SCÈNE III

GEORGES, RISCHENBACH, LE PRIEUR.

LE PRIEUR.
Lequel de vous, messieurs, est monsieur Leslie?

GEORGES.
C'est moi, monsieur.

LE PRIEUR.
C'est un bon hasard qui vous amène aujourd'hui, si vous êtes réellement le Leslie auquel j'ai affaire. Il y a trois ans que je vous fait chercher, monsieur.

GEORGES.
Mon nom est Georges Leslie.

LE PRIEUR, consultant des papiers.
C'est bien cela.

RISCHENBACH, comme inquiété malgré lui.
Qu'est-ce encore?

LE PRIEUR, désignant Rischenbach.
Puis-je parler devant Monsieur?

GEORGES.
Karl est mon plus intime ami, monsieur, presque un frère, et ce que vous avez à me dire, il peut assurément l'entendre.

LE PRIEUR.
Soit : y a-t-il longtemps, — pardon de rappeler de cruels souvenirs — y a-t-il longtemps que vous êtes sans famille?

GEORGES.
D'où savez-vous, monsieur, que j'ai perdu mes parents.

LE PRIEUR.
Répondez.

GEORGES.
Ma mère est morte que j'étais encore enfant, me laissant une fortune indépendante. Quant à mon père, il y a trois ans que... (S'arrêtant tout à coup.) Oh! mon Dieu!

RISCHENBACH.
Qu'y a-t-il, Georges?

GEORGES, lui prenant la main et s'appuyant sur lui.
Il y a, mon ami, qu'une émotion invincible me gagne. Mon père me quitta, il y a trois ans, juste le temps depuis lequel monsieur le prieur me cherche. Il partait pour un long voyage et devait d'abord traverser l'Italie. Peut-être s'est-il arrêté à cette même place où nous sommes en ce moment.

LE PRIEUR.
On le nommait?

GEORGES.

Francis Leslie.

LE PRIEUR, consultant de nouveau ses documents.

C'est encore cela !

GEORGES, se serrant contre Rischenbach.

Karl ! Que va-t-il m'arriver ? J'ai peur !

RISCHENBACH, qui suit tout avec anxiété.

Laisse donc parler monsieur le prieur.

LE PRIEUR.

Vous avez raison, M. Francis Leslie s'est effectivement
arrêté à cette même place où vous êtes. Ce fut sa dernière
station ici-bas.

GEORGES.

Achevez, monsieur.

LE PRIEUR.

Pardon encore, monsieur, mais la révélation que j'ai à faire
est chose grave. Avez-vous quelques documents, quelques
papiers qui prouvent que vous êtes réellement Georges
Leslie?

GEORGES.

Mon Dieu, monsieur, j'ai sur moi les quelques papiers qu'un
commerçant porte en voyage, mon passe-port, des lettres de
correspondants...

LE PRIEUR.

Cela suffira. Voulez-vous me les montrer ?

GEORGES.

Les voici, monsieur.

RISCHENBACH, à part, pendant que le prieur examine les papiers.

Que diable se trame-t-il encore ?

LE PRIEUR, rendant les papiers à Georges.

C'est bien cela. (Avec une solennité mêlée de douceur.) Il va me
falloir détruire en vous les chères illusions de votre enfance,
la religion de votre jeunesse.

RISCHENBACH, à part.

Quel espoir !

GEORGES, suppliant.

Oh ! faites vite alors, monsieur, car je sens le courage prêt
à me manquer.

LE PRIEUR, d'un ton ému et solennel.

Il y a trois ans, un voyageur mourant fut accueilli par nous
sur la montagne. Tout espoir de le sauver était perdu, il me
confia des papiers... documents précieux... qu'il portait sur
lui, et que je devais faire parvenir à celui qu'il appelait son
fils.

GEORGES.

Le nom... le nom de ce voyageur?

LE PRIEUR, sans répondre.

Le plus ancien de ces papiers est daté d'il y a vingt-cinq ans. C'est une attestation d'une dame anglaise établie à l'étranger, elle était veuve et sans famille. Elle adopta en Angleterre un jeune garçon de l'hospice des enfants trouvés, et le ramena avec elle en Suisse.

GEORGES.

Le nom, le nom de cette dame?

LE PRIEUR.

Madame Miller.

GEORGES.

Le nom inscrit au livre de l'hospice! le nom de celle qui adopta le véritable Richard May?

RISCHENBACH.

Que dites-vous Georges? que veut dire tout ceci?

GEORGES.

Taisez-vous! taisez-vous! Et cet enfant, mon père?

LE PRIEUR.

Un ami de madame Miller, M. Francis Leslie, s'intéressa vivement à l'enfant adopté, et voulut lui donner la position d'un fils. Pour cacher l'origine de celui, qu'à l'hospice on appelait Richard May, M. Leslie lui donna son propre nom, il épousa madame Miller.

GEORGES.

Mon Dieu! mon Dieu!

RISCHENBACH, s'avançant.

Pardon, monsieur le prieur, mais à ce compte, mon ami Georges... ou Richard... comme il vous plaira de l'appeler, ne serait qu'un bâtard.

GEORGES.

Karl!

RISCHENBACH.

Laissez donc, cher enfant, on n'accepte une pareille situation que sous bénéfice d'inventaire. Il faut d'irrécusables preuves.

LE PRIEUR.

Lesquelles désirez-vous?

RISCHENBACH.

Mais d'abord, mon père, l'acte de mariage de ladite madame Miller avec M. Francis Leslie.

LE PRIEUR.

Le voici, monsieur, ainsi que l'acte d'adoption. (Il les lui donne.) Après?

RISCHENBACH.

Ensuite vient la question légale, à savoir si lesdits mari et femme ne sont pas vivants.

LE PRIEUR.

Hélas ! voici leurs extraits mortuaires à tous deux (Même jeu.)
Après ?

RISCHENBACH, à part.

Un bâtard !...

LE PRIEUR, à Georges.

Du courage, mon enfant, (A Rischenbach.) Je vous laisse le
soin de le consoler, monsieur, il vous a nommé son frère. A
vous de le soutenir, de le guider. A bientôt.

Il se retire.

SCÈNE IV

GEORGES, RISCHENBACH

RISCHENBACH.

Je ne sais en vérité, mon pauvre Georges, quel ton de cir-
constance adopter ici. Faut-il te plaindre ? faut-il te féli-
citer ?

GEORGES.

L'un et l'autre, mon cher Karl.

RISCHENBACH.

Comment ?

GEORGES.

Qui m'eût dit qu'un bonheur pouvait surgir du coup affreux
que je reçois !

RISCHENBACH.

Je ne comprends pas.

GEORGES.

Rien ne s'oppose plus à mon union avec Marguerite.

RISCHENBACH.

En vérité !

GEORGES.

Je ne devais réclamer sa main que le jour où j'aurais doublé
ma fortune.

RISCHENBACH.

Eh bien ?

GEORGES.

Elle est doublée d'aujourd'hui.

RISCHENBACH.

D'aujourd'hui ?

GEORGES.

En perdant le nom de celui que je crus mon père, je gagne
la fortune de mon pauvre défunt Richard, dont nous sommes
tous deux les exécuteurs testamentaires.

RISCHENBACH, à part.

Dieu !

GEORGES.

Et à moins que Marguerite ne refuse le pauvre enfant trouvé...

RISCHENBACH, à part.

Elle ne le refuserait pas !

GEORGES.

A mon retour, nous serons unis !

RISCHENBACH, à part.

George, tu viens de signer ton arrêt de mort.

GEORGES.

Comprenez-vous, maintenant ?

RISCHENBACH, reprenant son sang-froid.

Parfaitement, c'est limpide. Et que comptez-vous faire ?

GEORGES.

Partir pour Londres au plus vite.

RISCHENBACH.

Et votre mission ?

GEORGES.

Quoi ? l'affaire Dufresnier ? ah ! que m'importe à cette heure quelque cinq cents livres sterling de plus ou de moins. Je paierai, et tout sera dit.

RISCHENBACH.

A merveille ! et vous retournez dès demain ?

GEORGES.

Dès demain ?... non pas : dès aujourd'hui, à l'instant.

RISCHENBACH.

Tout n'est pas perdu. (A Georges.) Et qui vous conduira ? les guides sont repartis.

GEORGES.

N'êtes-vous pas là ?

RISCHENBACH, réprimant un mouvement de joie.

Moi ?

GEORGES.

Né dans la montagne, vous pourriez, vous me l'avez dit cent fois, la parcourir les yeux fermés.

RISCHENBACH, feignant de résister.

C'est vrai, je l'avoue, et si j'étais seul...

GEORGES.

Seul ! Est-ce donc pour moi que vous craignez ? Allons, n'hésitez plus, Karl, je ne redoute qu'une chose : le retard apporté à mon union avec Marguerite.

RISCHENBACH.

Toujours elle !

GEORGES.

Eh bien ?

RISCHENBACH.

Eh bien ! Georges, je n'hésite plus, je me soumets, je vous guiderai selon vos vœux jusqu'au terme du voyage... mais, ne vous en prenez qu'à vous, du résultat de votre folie obstinée.

GEORGES.

Soit, j'accepte tout, mais partons.

SCÈNE V

Les Mêmes, LE PRIEUR.

LE PRIEUR.

Messieurs, vos cellules sont prêtes, et quand vous voudrez...

GEORGES.

Merci, mon père, mais outre que la fatigue ne nous tient pas à ce point qu'il faille nous coucher en plein jour, j'ai besoin d'air, de mouvement; et je désire admirer, du seuil, bien entendu... cette sauvage et grandiose nature au milieu de laquelle vous vivez.

LE PRIEUR.

A votre aise, monsieur, mais ne vous éloignez pas; la cloche, du reste, vous rappellera au repas du soir. (Au moine qui entre.) Qu'y a-t-il ?

SCÈNE VI

Les Mêmes, LE MOINE.

LE MOINE.

Mon père, ce sont deux voyageurs, qui se sont hasardés dans la montagne, malgré la tourmente, ils désirent vous parler.

GEORGES.

Nous vous laissons à vos nouveaux visiteurs, mon père.

LE PRIEUR.

A bientôt, n'est-ce pas ? Vous devez avoir besoin de repos ?

GEORGES.

Et je vais au-devant de lui, mon père.

RISCHENBACH, à part, en sortant avec Georges.

Tu dis vrai, Georges, tu reposeras bientôt sous la neige !

Ils sortent. Le Prieur les suit un instant des yeux, puis se retourne vers le moine.

LE PRIEUR, au moine.

Faites entrer.

Marguerite et Sam entrent en scène introduits par le moine qui leur désigne le Prieur.

SCÈNE VII

LE PRIEUR, SAM, MARGUERITE, UN MOINE.

LE PRIEUR.

Une femme ! Presque une enfant!

MARGUERITE.

Pardonnez à mon insistance pour arriver jusqu'à vous, mon père, mais de graves intérêts m'y ont poussée.

LE PRIEUR.

L'hospitalité est ici le droit de tous, ma fille.

MARGUERITE.

Je viens vous demander plus que l'hospitalité, mon père; je viens implorer votre aide, pour prévenir, s'il en est temps, un horrible malheur.

LE PRIEUR.

Parlez vite, mon enfant.

MARGUERITE.

Deux jeunes gens que nous avons suivis à la trace jusqu'à leur dernière halte à l'auberge, ne se sont-ils pas présentés ici?

LE PRIEUR.

Leurs noms ?

MARGUERITE.

L'un se nomme Georges Leslie.

SAM.

L'autre Rischenbach.

LE PRIEUR.

Ils sont ici, en effet.

MARGUERITE.

Ici? Ai-je vraiment entendu?... Je ne me trompe pas, dites? mon père. Vous avez dit : Ils sont ici?

LE PRIEUR.

Leurs cellules sont préparées, ils passent la nuit au couvent.

MARGUERITE.

Ah! mon père, que je les voie, que je leur parle à l'instant.

LE PRIEUR.

Priez ces messieurs de vouloir bien se rendre ici.

Le moine sort.

6

SCÈNE VIII

LES MÊMES, moins LE MOINE.

MARGUERITE.

Mon père, en les retenant près de vous, vous avez empêché l'accomplissement d'un grand crime...

LE PRIEUR.

Que dites-vous?

MARGUERITE.

Devant eux, devant vous, mon père, en votre vénérée présence, je parlerai.

SAM.

Et je placerai mon petit mot aussi.

Le moine reparaît.

SCÈNE IX

LES MÊMES, LE MOINE.

LE PRIEUR, au moine.

Eh bien?

LE MOINE.

Les deux jeunes gens ont repris le chemin de la montagne.

MARGUERITE.

Quoi? Partis!...

LE PRIEUR.

Remettez-vous!

Sur un geste du prieur, le moine sort pour tout préparer.

SCÈNE X

LES MÊMES, moins LE MOINE.

LE PRIEUR.

Sans doute, la tempête menace, mais...

MARGUERITE.

Eh! ce n'est pas la tempête que je crains! si redoutables que soient avalanches, fondrières et précipices, plus que tout cela je crains cet homme qui accompagne mon Georges.

LE PRIEUR.

Comment?

MARGUERITE.

Georges c'est mon fiancé, monsieur le prieur, mon fiancé, entendez-vous ? Je l'aime !... mon père; je l'aime à mourir de sa mort et je sais qu'on va me le tuer.

LE PRIEUR.

Que puis-je faire ?

MARGUERITE.

Me confier la conduite de l'escorte envoyée. Georges est perdu si je ne suis pas là ! L'autre ne lui laissera pas suivre la route tracée ! Je vois tout devant moi comme dans un rêve. Il l'entraînera dans quelque passe ignorée, qu'il connaît mais que je connais aussi, moi ! et dont je saurai bien arracher sa proie.

- LE PRIEUR.

Vous ! mon enfant, faible comme vous l'êtes !

MARGUERITE

Oh ! mon père, je ne suis ni faible ni enfant ! On vieillit vite dans nos montagnes, et je suis faite aux rudes travaux

Le moine rentre.

SCÈNE XI

Les Mêmes, LE MOINE.

LE MOINE.

L'escorte est prête.

MARGUERITE.

- Ah ! enfin !

SAM.

Si l'on ne se ferait pas tuer pour un petit être comme ça ! Décidément, j'ai trop méconnu les femmes.

MARGUERITE.

En route, maintenant. (A Sam.) Vous, Sam, restez ici.

SAM.

Moi ! mademoiselle, du diable !... Non, ce n'est pas ça que je voulais dire. Il y a des cordes à porter, ça me connaît. Puis, j'ai deux mots à dire au Riche-en-blague et je ne vous quitte pas.

LE PRIEUR.

Venez donc.

Il sort suivi de Marguerite, de Sam et des moines munis d'échelles et d'appareils de sauvetage.

Le décor change.

Onzième Tableau

La montagne. — Blocs de rochers couverts de neige enveloppant le théâtre
et le fermant à la cour et au jardin. — Au second plan, l'abîme, auquel on
arrive par une sorte de rampe ou de pic couvert de neige. — Au fond, les
Alpes. — Sur la hauteur, le couvent du mont Saint-Bernard, éclairé d'une
manière intermittente par les éclairs. — Sentier tournant qui descend du
couvent et se perd dans les sinuosités du décor. — Une partie de ce sentier est praticable. Éclairs, tonnerre et vent. — Il neige abondamment.

SCÈNE PREMIÈRE

GEORGES, RISCHENBACH.

Georges et Rischenbach descendent péniblement le sentier. — Georges d'a-
bord, Rischenbach derrière lui, observant ses moindres mouvements.
Arrivé sur le théâtre, Georges regarde de tous côtés avec étonnement.

GEORGES.

Sommes-nous égarés ? Avons-nous perdu la route ? Je ne
m'y reconnais plus.

RISCHENBACH.

Nous sommes dans notre voie.

GEORGES, regardant au-dessous de lui.

Quel abîme effrayant ! Nous ne sommes point passés par ici
ce matin. Où sommes-nous ?

Il descend en scène.

RISCHENBACH, barrant aussitôt le passage dès que George l'a quitté.

Nous sommes arrivés.

GEORGES.

Arrivés ? Dans cette grotte sans issue. Arrivés avant notre
rentrée à Londres ?

RISCHENBACH.

Avant ta rentrée à Londres. J'ai promis de te guider au
terme de ton voyage ; ton voyage ici-bas, doit se terminer là.

Il montre l'abîme du fond.

GEORGES.

Êtes-vous fou ?

RISCHENBACH.

Mais c'est toi qui es fou! Ah çà, tu ne comprends donc rien? Tu ne sens donc pas toi, ce souffle de haine qui me pousse et t'enveloppe? Tu as donc attribué à l'intérêt mesquin de quelques sous volés à ma pupille, le refus que je t'ai fait de sa main? Tu n'as pas compris la passion qui me remuait le cœur, qui enflammait mon cerveau! Mais, le jour où tu m'as fait la demande de sa main, j'aurais voulu te tuer, oui, comme je vais te tuer tout à l'heure, car il va falloir mourir.

GEORGES.

Mourir? tué, assassiné par vous! Mais c'est de la démence, Karl! Que vous ai-je donc fait?

RISCHENBACH.

Ce que tu m'as fait! Il demande ce qu'il m'a fait! Mais quel cœur glacé bat donc dans ta poitrine, Anglais? que tu ne comprennes point ma haine, que tu ne sentes pas comme un volcan prêt à t'ensevelir, mon immense amour pour Marguerite.

GEORGES.

Marguerite! tu oses aimer Marguerite!

RISCHENBACH.

Allons donc! tu commences à comprendre.

GEORGES.

Misérable!

RISCHENBACH.

Va! insulte-moi, ferme-moi la porte à tout repentir, barre-moi le chemin à toute lâche hésitation, accable-moi. Je vais t'y aider. C'est moi qui suis le voleur et le faussaire que tu cherches.

GEORGES.

Toi, voleur!

RISCHENBACH.

Oui, moi! oh! recule-toi avec dégoût, merci de ton mépris, il raffermit mon courage. J'ai pris... ah! oui; pardieu! j'ai volé pour installer Marguerite, pour la rendre brillante et heureuse. Et tu viens te jeter entre nous! et tu me chasses de son cœur! d'un regard tu m'as tout ravi! Je t'ai volé ton argent, tu m'as volé mon bonheur!... Je te le dis, il va falloir mourir.

GEORGES.

Tu veux me tuer?

RISCHENBACH.

Sans merci.

6.

GEORGES.

Tu oublies la lutte, nous sommes jeunes tous deux, forts tous deux, et le bon droit combat avec moi; et je te flétrirai comme faussaire et je te livrerai au mépris de Marguerite.

RISCHENBACH, riant.

Appelle le bon droit à ton aide, j'userai de ma vigueur. Mes crimes te sont connus. Volontairement, je te les ai jetés à la face, pour arracher toute pitié de mon cœur. L'abîme est là, profond, insondable, sans issue possible. Toi, ton amour, le faux... dont tu me menaces, vous y serez bientôt ensevelis.

GEORGES, s'armant de son bâton ferré.

Viens donc, misérable! Marguerite, à toi, ma dernière pensée!

RISCHENBACH.

Son nom! toujours son nom! tu centuples mes forces, malheur à toi.

Ils se jettent l'un sur l'autre, le combat est terrible. — Le bâton de Rischenbach se brise. Il saisit aussitôt Georges à bras-le-corps. Georges jette alors son arme et lutte avec lui. — Ils arrivent ainsi au bord de l'abîme. Rischenbach soulève Georges qu'il suspend au-dessus de l'abîme, mais celui-ci, par un dernier effort, le saisit à la gorge et le force à s'affaisser sur lui-même; cependant Rischenbach tire son couteau, l'ouvre avec ses dents sans faire lâcher prise à Georges et s'apprête à frapper ce dernier, lorsque Marguerite, suivie de Sam et des moines, paraît sur le rocher qui borde le sentier du couvent.

SCÈNE II

Les Mêmes, MARGUERITE, LES MOINES.

MARGUERITE, poussant un cri terrible.

Ah! Georges!

RISCHENBACH, lâchant Georges qui, à bout de forces, roule
monticule sur la scène.

Elle! je suis perdu!

MARGUERITE, qui est descendue, marchant sur lui, terrible, les bras
raidis, les poings fermés.

Assassin!

RISCHENBACH.

C'est pour toi!

MARGUERITE.

Assassin!

Elle avance toujours.

RISCHENBACH.

Pour toi seule !

MARGUERITE.

Assassin !

RISCHENBACH, arrivé en reculant sous son regard, au bord même de l'abîme où il voulait ensevelir Georges.

Je t'aime !

MARGUERITE.

Je vous hais !

RISCHENBACH, avec un cri de désespoir.

Ah !

Le pied lui manque et il disparaît dans l'abîme. Marguerite se retourne avec terreur. — Georges, qui s'est relevé, la reçoit dans ses bras. Sam se penche au-dessus du précipice. — Les moines s'agenouillent.

FIN